Comunicação do eu

Dados Internacionais de Catalogação na Publicação (CIP)
(Câmara Brasileira do Livro, SP, Brasil)

Barros Filho, Clóvis de
　　Comunicação do eu : ética e solidão / Clóvis de Barros Filho, Felipe Lopes, Bernardo Issler. – Petrópolis, RJ : Vozes, 2005.

　　ISBN 85.326.3099-5

　　1. O eu 2. Ética 3. Solidão I. Lopes, Felipe. II. Issler, Bernardo. III. Título.

04-7297   CDD-126

Índices para catálogo sistemático:

1. O eu : Metafísica : Filosofia   126

Clóvis de Barros Filho
Felipe Lopes
Bernardo Issler

Comunicação do eu

Ética e solidão

2ª Edição

EDITORA
VOZES

Petrópolis
2005

© 2005, Editora Vozes Ltda.
Rua Frei Luís, 100
25689-900 Petrópolis, RJ
Internet: http://www.vozes.com.br
Brasil

Todos os direitos reservados. Nenhuma parte desta obra poderá ser reproduzida ou transmitida por qualquer forma e/ou quaisquer meios (eletrônico ou mecânico, incluindo fotocópia e gravação) ou arquivada em qualquer sistema ou banco de dados sem permissão escrita da Editora.

Editoração: Fernanda Rezende Machado
Projeto gráfico: AG.SR Desenv. Gráfico
Capa: Marta Braiman

ISBN 85.326.3099-5

Este livro foi composto e impresso pela Editora Vozes Ltda.

Sumário

Introdução, 7

Parte I – O *eu* que se apresenta, 11
    1. O *eu* em definição, 13
        I – Identidade: discurso sobre o *eu*, 14
        II – Identidade: discurso sobre o mundo e seu valor, 26
        III – Identidade do comunicador: o discurso sobre um fazer, 37
    2. O *eu* em locução, 54
        I – Voz e campo social, 59
        II – *Habitus* vocal, 64

Parte II – O *eu* apresentado, 71
    3. O *eu* classificado, 73
        I – Ilusão subjetivista, 75
        II – Campo: espaço de posições e distâncias sociais, 83
    4. O *eu* silenciado, 90
        I – Silêncio dos vivos, 93
        II – Silêncio dos mortos, 123

Conclusão, 133

Bibliografia, 135

Introdução

O que é o *eu*? Existe afinal um *eu*? A linguagem coloquial parece nos indicar que sim. "No fundo é uma boa pessoa." "Você acha isso, porque ainda não o conhece realmente." "Por detrás daquela cara emburrada, existe uma criatura doce e afável." "O que eu olho numa pessoa é sempre sua beleza interior." "Se você pensa que eu sou só esse corpinho bonito está muito enganado."

Mas o que seria exatamente essa beleza interior? Onde estaria? Por detrás da pele? Nas tripas? Nas células? E por que bonita? Bonita para quem? A despeito do que falamos no dia-a-dia, haverá mesmo um substrato definitivo, um *eu* que permanece? A peste sempre estará à espreita para putrefazer qualquer corpinho bonito; a velhice, para acalmar o mais rebelde dos ânimos; a decepção, para amargar a doçura dos apaixonados.

No entanto, se as palavras cotidianas parecem muitas vezes se afastar da verdade, daquilo que realmente é, daquilo que realmente somos, em outras ocasiões, parece revelá-la, ou pelo menos aproximar-se dela. "Não reconheço mais a pessoa com quem me casei." "Nossa! Como o tempo foi cruel com ele." "É, já não somos mais o que éramos! O tempo passou!"

Consciência da impermanência. Do fluxo. Da corrupção do *eu*. *Eu* que se transforma sempre, a cada novo flagrante do mundo. A cada novo encontro. Mas nunca de forma radical. Pois há a memória. Vive-se sempre um presente carregado de lembranças. Das marcas de uma trajetória singular. Das expectativas do outro em relação a nós. Da personagem que nos coube. Da máscara que devemos usar. Máscaras sem um rosto por detrás. Não há essência a ser disfarçada. Mas sobreposta às máscaras anteriores. Que moldarão a nova. Para uma interpretação inédita de uma peça já conhecida. Leveza do instante. Peso da trajetória.

O *eu*, portanto, não permanece. Mas não apenas. Também está só. Nossos desejos são nossos, de mais ninguém. Não se vive o desejo alheio. Nossos encontros com o mundo são sempre nossos. Singulares. Logo, também são nossos os relatos sobre ele. O que falamos dos outros e de nós. A solidão é nossa marca. Nosso fardo. Nossa miséria. Eis o que nos cinde. Eis o que nos une. Pois é a condição de todos. Eis o nosso vínculo existencial. A solidão como laço da existência: subtítulo do livro. Solidão que, quando não compartilhada, é isolamento. E apequena. Entristece. Inútil gritar por socorro. Não há ninguém para nos escutar. Para nos amparar. Solidão implacável. Sem alívio. Sem indulgência.

O mundo, portanto, torna-se mais ameaçador do que já é. Por isso temos de comunicá-la. Calar-se seria insuportável. Nossas angústias, medos, tristezas, têm de ser relatados. Mas também, nossas alegrias. Compartilhar é preciso. E só se compartilha comunicando. Mesmo que essa comunicação venha com atraso. Não apreenda o afeto no instante mesmo. Pois, ao comunicá-lo, já o transforma. Mesmo que não sejamos inteiramente responsáveis pelo que se comunica de nossos desejos. De nossos afetos. De nós. Afinal, a iniciativa é do outro. Falam de nós antes que saibamos como nos definir. Sem que concordemos necessariamente com o que é falado. Inclusive quando não estamos. Inclusive quando já morremos. O *eu* é apresentado pelo outro. Até estereotipado. Também se apresenta por nós em outras vezes. Pelo discurso. Pela locução. Pelo silêncio... O certo é que tem de ser comunicado. De forma intrapessoal ou interpessoal. Tanto faz. Mas comunicado. Só assim compartilhamos nossa solidão. Com os outros e com nós mesmos. Só assim tomamos consciência de nossos desejos. De nossos afetos. Comunicação do *eu*: essência do homem. Comunicação do *eu*: título do livro.

O livro tem duas partes. A primeira, *O eu que se apresenta*, denuncia no capítulo inicial uma definição do eu sempre inconclusa. Em situação. Intersubjetiva. Análise do material do discurso sobre si. Matéria definida em relação com o social. No segundo capítulo, o objeto é a forma. Das características formais, destaque para a voz. Problema orgânico para quase todos. Regra social e disposição incorporada. Porque aprendida, educada. Capítulo para os que se preocupam mais com ética e etiqueta do que com pregas vocais.

Na parte seguinte, *O eu apresentado*, examinamos o discurso do outro. Sempre sobre cada um de nós. Como nos apresenta. O capítulo terceiro aborda a natureza dos estereótipos. Processo simplificador a que estamos condenados. Impossibilidade de conhecer tudo.

Sobre tudo. Processo redutor de singularidades, de aproximação e associação. Graças a critérios reconhecidos por todos. Para terminar, a vida. Sua presença acabada. As faltas que imaginamos ter. Nossa relação com o mundo, nossas formas de desejá-lo e suas implicações morais. Examinamos o silêncio do mundo – sua insignificância; o silêncio dos vivos – sua impotência e o silêncio dos mortos – sua presença nos presentes.

Dirigimo-nos aos leitores: meras personagens de uma peça sem sentido; coadjuvantes para o espetáculo alheio; potências mutiladas por encontros que não dominam, carne e alma que lentamente se desfazem – como as páginas que se seguem; e que, apesar de tudo, permanecem insistindo, carregando a *illusio* da vida, a certeza de que vale a pena jogar o jogo da existência. A esses desejamos boa leitura! Que ela preencha vossa solidão!

PARTE I

O *eu* que se apresenta

1
O *eu* em definição

No princípio eram os estudos da emissão. Depois, os da recepção. Os primeiros colocam ênfase em efeitos comuns. Destacam que a mensagem da mídia afeta, indistintamente, quem a ela se expõe. Mas não só. Estabelecem um nexo de causalidade entre formas e conteúdos emitidos e correspondentes manifestações sociais.

As reflexões sobre a recepção, por sua vez, destacam efeitos singulares. Cada encontro com o mundo – exibido pela mídia – acarreta conseqüências particulares junto a este ou aquele observador, segundo suas especificidades. Assim, a grande descoberta do campo da comunicação, na segunda metade do século XX, denuncia, com estardalhaço, que o receptor não é passivo.

Há, implícito nessa diversidade de abordagens, um ponto comum: a comunicação precisa de alguém para comunicar, emitir e receber. Esse alguém, tomado por pressuposto, *allant de soi*, parece tão imprescindível para quem comunica quanto para quem se dispõe a teorizar sobre a comunicação.

Este capítulo tem por objeto um efeito particular de qualquer ação observada, portanto, comunicada: a identificação do agente, emissor ou receptor. Propomos que um interlocutor participa da sua própria definição ao agir, não só quando o faz expressamente, visa esse fim e fala sobre si – objeto da primeira parte –, mas também quando discorre sobre o mundo que contempla, atribuindo-lhe sentido e valor – objeto da segunda. A última parte é dedicada a um estudo de caso: apresentamos os resultados de pesquisa sobre o discurso identitário do profissional de relações públicas.

I – Identidade: discurso sobre o *eu*

Estamos sempre nos apresentando. Mais ou menos explicitamente. Exigência dos encontros com o mundo. No momento em que conhecemos alguém, passamos a informar quem somos, quase sempre de forma dialogada. As perguntas que propiciam nossa apresentação são habituais, portanto, previsíveis. A situação lhes confere uma forma, também previsível. Num bar, no preenchimento de uma ficha de emprego, num ônibus, etc.

Toda apresentação de si é um ritual. Obedece a uma seqüência definida, socializada no hábito. Qualquer transgressão é sancionada. Como iniciar uma conversa com um desconhecido num metrô cheio com a frase: "Sou uma pessoa generosa e por isso muitos abusam de mim".

Os passos que permitem a revelação de si são encadeados com rigor. A aparente espontaneidade dos atos nas interações decorre da ignorância das regras que presidem esses encontros. A situação pode fornecer os primeiros referenciais. Como num bar: "Você vem sempre aqui?" – a abordagem permite ao respondente apresentar um esclarecimento sobre práticas de lazer, habituais ou excepcionais.

A resposta oferecida, entre infinitas outras possíveis, começa a permitir a identificação do abordado, a reduzir sua contingência aos olhos de quem indagou. Determinada pelo afeto da abordagem, a resposta objetiva o interesse pela continuidade do encontro, autorizando-a ou não. Você trabalha com o quê? Duas perguntas de uma seqüência esperada. A inversão das mesmas suscitaria estranheza.

Assim, os interlocutores agem para se identificar segundo saberes práticos que, por serem incorporados, quase sempre dispensam ponderação. Obedecem, como numa orquestra, aos comandos da batuta de um maestro invisível. Antecipam soluções não calculadas, tendencialmente adequadas a condições objetivas de manifestação, como: idade presumida do interlocutor, sexo, indumentária, local do encontro, etc.

Mas o que, afinal, apresentamos para esclarecer quem somos? A história que habitualmente contamos a nosso respeito e que, em geral, acreditamos ser definidora de nós mesmos, é excludente de todo o resto, de tudo o que não supomos ser. No entanto, também é pré-requisito da vida em sociedade. Interagir pressupõe identificar e identificar-se. Condição de inclusão, portanto. Discurso singular imprescindível, para nós e para os outros. Relato habitual que, por definir, discrimina (A) e integra (B).

A – Identidade: relato definidor – de exclusão

Identidade é toda manifestação pela qual um indivíduo se atribui, prioritariamente por intermédio de um relato, um sentimento de continuidade e de relativa coerência. Manifestação que lhe permite circunscrever-se e estabelecer uma diferença específica, com pretensões de permanência, em relação ao que lhe é externo.

Objetiva-se numa estrutura narrativa em que a consciência do *eu* é uma interpretação[1] da própria trajetória que "encontra no relato, entre outros signos e símbolos, uma mediação privilegiada; esta última se serve da história tanto quanto da ficção, fazendo da história de uma vida uma estória ou, se preferirmos, uma ficção histórica, entrecruzando o estilo historiográfico das biografias com o estilo romanesco das autobiografias imaginárias"[2].

Identidade é memória e muito mais. Simples reconstrução narrativa da percepção dos fatos da própria trajetória? Não. A identidade é mais do que isto: à memória do que efetivamente percebemos como vivido vem juntar-se um apenas imaginado. A identidade, portanto, transcende a existência prática, factual.

"Mas as ciências humanas nos ensinaram [...] que esta singularidade era ilusória, que não havia nem substância nem substrato, mas um jogo múltiplo e indefinido de estruturas diversas, físicas, psíquicas, sociais, lingüísticas [...] que a alma não poderia ser, em hipótese alguma, o sujeito, ou a causa, ou a soma, mas no máximo o efeito. Ora, se o *eu* é vários outros, que resta do sujeito? Nada, sem dúvida, a não ser a ilusão de si. Como Narciso, sujeito apenas de seu sonho"[3].

Essa falta de um substrato exige de nós a repetição exaustiva do relato narrativo que nos define, para nós mesmos e para os outros. Relato das ilusões sobre si. Relato sem objeto. Vazio ontológico. Labirinto. Abismo. "O *eu* nada mais é do que essas qualidades que não são ele, como ponto de fuga para o qual convergem – de maneira ilusória – paralelas anônimas"[4].

---

[1]. Sobre a construção subjetiva do *eu*, Nietzsche observa: "O que me separa do modo mais profundo dos metafísicos é isto: não concordo que o 'eu' seja aquilo que pensa; ao contrário, considero o 'eu' como uma construção do pensamento, com o mesmo valor que 'matéria', 'coisa', 'substância', 'indivíduo', 'propósito', 'número', isto é, só como ficção reguladora, com a ajuda da qual se introduz, se inventa, no mundo do vir a ser, uma espécie de estabilidade e, portanto, de 'cognoscibilidade'" (Nietzsche, F. Frammenti postumi, 1884-1885. In: *Opere*, vol. VII, 3, 1975, p. 203. Milano, Adelphi).
[2]. Ricoeur, P. *Soi-même comme un autre*. Paris, Seuil, 1990, p. 138.
[3]. Comte-Sponville, A. *Mythe d'Icare*. Paris, PUF, 1988, p. 38.
[4]. *Ibid.*, p. 46.

Ante a transformação – composto impermanente num oceano de impermanência –, a identidade, para garantir minimamente a ilusão do *eu*, deve resistir, permanecer – ou pelo menos parecer permanecer – para si e para o *outro*. Algo na identidade deve permitir uma apresentação de si repetida, que se mantém ante qualquer nova condição objetiva de existência. Algo que habitualmente oferecemos ao mundo social como definidor de nós mesmos. Satisfação de uma exigência, também habitual, por parte de seus múltiplos universos: a apresentação de um ou mais traços distintivos.

Hábito percebido. Hábito interiorizado. Hábito socialmente aprendido. *Habitus*, portanto. "Quanto a mim, escreve Hume, quando penetro mais intimamente no que chamo de mim-mesmo, esbarro sempre numa ou noutra percepção particular, calor ou frio, luz ou sombra, amor ou ódio, dor ou prazer. Não atinjo nunca a mim mesmo"[5].

A crença no *eu* é a primeira dentre as ilusões sociais. Condição de tantas outras. Condição da existência. Por isso, a mais incorporada. Inquestionável. Nem mesmo a consciência do seu caráter ilusório impede, nas múltiplas situações práticas da vida social, a sua pronta intervenção. *Habitus* identitário.

A ilusão do *eu* parece pressupor uma repetição possível, habitualmente garantidora, a qualquer interlocutor, da existência de alguém, de alguém que se chama X ou Y, que é ou faz isto ou aquilo, que gosta disto ou daquilo, especialista nisto ou naquilo, que detesta este ou aquele ambiente, que se dá bem com este ou aquele tipo de pessoa, etc. Desta forma, toda crise de identidade é uma crise de permanência[6].

Percebemos a ilusão da permanência do *eu* – como ilusória – na medida em que somos constrangidos a flagrar, em algum aspecto do nosso relato identitário a diferença, a mudança. Erro? Nunca. Para Espinosa, "erro não é a ignorância pura e simples; é a ignorância da verdade completa que faz que tomemos por completa uma verdade mais ou menos completa"[7]. Um erro de representação, como o su-

---

[5]. Hume, D. *Traité de la nature humaine*. Paris, PUF, 1968, p. 343.
[6]. "O fundamento de meu ser e de minha identidade é puramente moral: ele está na fidelidade à fé que jurei a mim mesmo. Não sou realmente o mesmo de ontem; sou o mesmo unicamente porque me confesso o mesmo, porque assumo um certo passado como sendo meu, e porque pretendo, no futuro, reconhecer meu compromisso presente como sempre meu" (Conche, M. *Montaigne et la philosophie*. Paris, De Mégare, 1987, p. 118-119).
[7]. Espinosa, B. *Ética*. São Paulo, Abril, 1979 [Col. Os Pensadores], Proposição XVII, escólio, e Proposição XXV.

posto erro de autodefinição, pressuporia a possibilidade de uma representação verdadeira. Um *eu* representável.

Mas só há afetos[8]. Só os desejos atualizam. Em tempo real, só potências. Incomunicáveis. Solidão. Representações e relatos sobre si estão sempre atrasados[9]. Anúncios de um produto perecido de ofício. Comunicação do que não é mais. Depoimentos e perfis, tão ávidos pelo flagrante ao vivo e condenados a descrever cadáveres[10]. Morbidez. Olhar travestido de um mutante para um *eu* que, passo a passo, vai-lhe fugindo ao viver. Ritmo de uma melodia eterna sem refrão. Processo inesgotável do fracasso[11]. Perseguição frustrante de um distanciamento progressivo[12]. Mundo fugaz. Espelho da fugacidade do *eu*[13].

Se há erro, está na crença da possibilidade de uma única representação, de uma única identidade. Erra aquele que acredita afetar tanto ao próximo como a si mesmo[14]. Ou pior: crê, por toda a vida, afetar-se identicamente; presume o *eu* de amanhã pelo de hoje. Erro escusável, se houvesse delito. O "bom pai de família" (*bonus pater familia*) se equivocaria em situação análoga. A existência social e suas exigências jurídicas induzem: falácia do nome, do RG, da digital. Só a foto, desatualizada, denuncia o perecimento.

---

8. Sobre os afetos, ver Gueroult, Martial. *Spinoza – Tome 2, L'ame (Ethique 2)*. Paris, Aubier-Montaigne, 1997.

9. "O ato de nossa atividade, de nosso vivido, tal qual um Janus de duas cabeças, olha em direções diferentes: para o lado da unidade objetiva do campo da cultura e para o lado da singularidade não reprodutível da vida vivida, mas não há um plano um e único no qual estas faces se determinam mutuamente em relação a uma unidade só e única" (Bakthin, M. *Pour une philosophie de l'acte*. Paris, L'age d'homme, 2003, p. 18).

10. Resulta disso que dois mundos se perfilam um diante do outro, que não se comunicam em hipótese alguma e nem se interpenetram: o mundo da cultura e o mundo da vida, único mundo no qual nós descobrimos, contemplamos, vivemos e morremos; um mundo no qual se objetiva o ato da nossa atividade, e um mundo no qual uma só vez este ato ocorre, se realiza realmente" (*Ibid.*).

11. Kaufmann, J.-C. destaca a eternidade e o fracasso: "A identidade é justamente o resultado deste esforço *infrutífero*, mas *incessante* do indivíduo para fabricar sua unidade [grifo nosso]". *Ego*. Paris, Nathan, 2001, p. 262.

12. A estabilidade identitária aparece como uma crença mais ou menos vã, dado que o indivíduo encontra ou flagra, ao longo de sua trajetória, um real estilhaçado e constitutivo da sua verdadeira infra-estrutura. Sobre este tema, ler Martuccelli, D. *Grammaires de l'individu*. Paris, Gallimard, 2002.

13. Strauss, A. *Miroirs et masques*. Paris, Métailié, 1992.

14. Pelo mesmo princípio cremos que tudo o que nos afeta, afeta a todos da mesma forma. Por isso, "ir à exposição com amigos, quando cada um julga sinceramente, é, assim, uma fonte, às vezes amarga, de surpresa. É difícil nos resignarmos a esta solidão do gosto, e, até na amizade, a esta prisão estética do eu" (Comte-Sponville, A. *Mythe d'Icare*. Paris, PUF, *op. cit.*).

Permanência: ilusão exigida, portanto. Impasse entre a alienação – de se crer sempre o mesmo – e a insanidade – de se crer outro a cada instante. Daí a tristeza: "é fácil ver que ela nasce da opinião (sobre si) e do erro que dela provém"[15]. Dentre as tristezas, a melancolia. Eliminação radical da alegria. Tristeza pelo corpo inteiro.

Uma nova representação de si exclui dolorosamente a anterior. Porta aberta para o suicídio: nossa imaginação nos reveste de uma contradição interna, tentativa alienada de autopreservação, matar o novo para proteger a ilusão da permanência, eliminação de um invasor numa guerra identitária, um ato de legítima defesa. Desencontro dramático consigo mesmo.

Sem essa crença na permanência, também estariam comprometidas as relações. A fugacidade radical condenaria o interlocutor à incerteza, à absoluta ausência de referenciais. Falta de chão. A impossibilidade de prever tornaria vãs as expectativas. A redução aparente da contingência do *outro*, ilusória mas securitária, coloca sob os holofotes o mais habitual, garantindo, assim, aos que se relacionam alguma existência, como, por exemplo, enquanto um objeto de posse[16]: meu marido, meu pai, minha professora, meu amor, etc.[17]

Meditação pascaliana, por falar em amor: "O que é o *eu*? Alguém que ama alguém por causa de sua beleza ama-o mesmo? Não, porque a varicela, que matará a beleza sem matar a pessoa, fará com que ele não a ame mais. E se alguém me ama por meu discernimento, por minha memória ama mesmo a mim? Não, porque posso perder essas qualidades sem me perder. Onde está pois este *eu*, se não está nem no corpo nem na alma? E como amar o corpo ou a alma a não ser por essas qualidades que não são o que faz o *eu*, pois são perecíveis? Pois amaria alguém a substância da alma de uma pessoa abstratamente, quaisquer que fossem as qualidades que nela houvesse?

---

15. Espinosa, B. *Tratado breve*. Madrid, Alianza, 1990, p. 124, § 2.
16. "Uma idéia implícita na noção de 'unicidade' de um indivíduo é a de 'marca positiva' ou 'apoio de identidade', por exemplo, a imagem fotográfica do indivíduo na mente dos outros ou o conhecimento de seu lugar específico em determinada rede de parentesco" (Goffman, E. *Estigma: notas sobre a manipulação da identidade deteriorada*. Rio de Janeiro, Guanabara, 1963, p. 66).
17. "Não era esta certamente a Marcela de 1822; mas a beleza de outro tempo valia uma terça parte dos meus sacrifícios? Era o que eu buscava saber interrogando o rosto de Marcela. O rosto dizia-me que não; ao mesmo tempo os olhos me contavam que, já outrora, como hoje, ardia neles a flama da cobiça. Os meus é que não souberam ver-lha; eram olhos de primeira edição" (Assis, Machado de. *Memórias póstumas de Brás Cubas*. Rio de Janeiro, Instituto Nacional do Livro, 1960, p. 174).

Isso não é possível e seria injusto. Portanto, nunca se ama ninguém, mas apenas qualidades"[18].

A narrativa identitária, como todo discurso, encontra-se em circulação. Produção incessante de redefinição. A fala de quem pretende se definir – o *eu* falando sobre si mesmo – é apenas um momento dessa trajetória. A identidade é o resultado sempre provisório de um diálogo entre o social e o sujeito, entre as múltiplas representações enunciadas sobre esse último – e por ele flagradas – e a forma, sempre criativa e singular, pela qual as rearticula[19]. Por isso, a despeito da componente inventiva que caracteriza toda construção identitária, não há motivo para reduzi-la a uma pura ilusão biográfica[20]. Interação: condição de existência, condição da sua definição[21].

Máscaras que se sobrepõem[22]. As novas ajustam-se à topografia das anteriores, do já vivido. A personagem substituída dá as condições de possibilidade existencial daquela que lhe substitui. No teatro da existência social, não substituímos máscaras, criando indefinida e livremente novas personagens para novas relações. A definição identitária tem condições objetivas de natureza social.

É na pluralidade de manifestações sobre si que se encontra matéria-prima para compor um quadro de características com mais chances de reconhecimento[23]. Manifestações muitas vezes contraditórias e que produzem efeitos sobre o seu objeto[24].

---

18. Pascal, B. *Pensées*. Paris, Garnier, 1951, p. 688-723.
19. "Quando falamos de identidade referimo-nos não a uma espécie de alma ou a uma essência com a qual nascemos, não a um conjunto de disposições internas que permanecem fundamentalmente iguais durante toda a vida, independentemente do meio social onde a pessoa se encontra. Referimo-nos sim a um processo de construção no qual os indivíduos vão se definindo a si mesmos, em estreita interação simbólica com outras pessoas (Larrain, J. El concepto de identidad. *In: Revista Famecos*, n. 21, ago./2003. Porto Alegre, Edipucrs).
20. Bourdieu, P. L'illusion biographique. *In: Actes de la Recherche en Sciences Sociales*, n. 62-63, 1986, p. 69-72.
21. "Portanto, as identidades não são o produto de mentes individuais, mas, sim, de relações interpessoais que ganham expressão a partir do recurso social compartilhado da linguagem, nas práticas e nos fluxos comunicativos diários" (Maia, R.M. Identidade e discurso: a inclusão do outro. *In: Fronteiras: estudos midiáticos*, vol. IV, n. 1, jun./2002, p. 115-133.
22. Proust, M. *Le temps rétrouvé*. Paris, Garnier Flammarion, 1986, p. 289-290.
23. A identidade não reconhecida, não aceita, produz dissonância entre o que esperamos que pensem de nós e o que efetivamente pensam de nós.
24. Gaulejac, V. *L'histoire en héritage*. Paris, Desclée de Brouwer, 1999.

Nessa polifonia, os discursos identitários não se equivalem. Agem desigualmente na construção das representações que têm o sujeito como objeto. A medida dessa desigualdade não se encontra na sintática ou no léxico, mas na legitimidade de quem fala, na autoridade de que está investido o porta-voz para se manifestar sobre esta ou aquela identidade[25]. A título de exemplo, participa da construção identitária qualquer manifestação de enaltecimento, de valorização social. Ora, esse tipo de manifestação será tanto mais eficaz quanto mais distante socialmente estiver o porta-voz do sujeito enaltecido.

Em suma, o mundo social fornece elementos para uma autodefinição provisória[26]. Ao mesmo tempo, condiciona qualquer tipo de existência nele à indicação de características discriminantes, que facultem identificação. Sem relato identitário não há pertencimento.

B – Identidade: relato de pertencimento – inclusão

A identidade deve permitir a definição de traços distintivos e, ao mesmo tempo, inscrever seu sujeito/objeto numa representação coletiva. Por isso, dispor e poder oferecer uma identidade faculta o pertencimento a múltiplos grupos de naturezas diversas. A adequação da própria identidade com a do grupo exige permanente negociação. Perder para poder ganhar.

As memórias de família[27] são um ótimo exemplo da invenção permanente e barganhada que revela os traços distintivos desta ou daquela estirpe ou linhagem. Os ritos de instituição familiar constituem uma entidade apresentando-a como estável, constante e imune às oscilações dos afetos de seus membros. Esses ritos enquadram relações, conferindo-lhes uma singularidade, uma socialização particular da libido: a produção e reprodução de afetos obrigatórios inerentes a este pertencimento institucional – amor entre irmãos, filial, conjugal, materno, etc.[28]

As heranças fenotípicas, porque reveladoras da ascendência mais propensa a eternizar sua singularidade, são objeto de intensa disputa social. Puxar do pai ou da mãe cores ou proporções de ex-

---

25. Bourdieu, P. *Ce que parler veut dire*. Paris, Fayard, 1982.
26. Taylor, Ch. *Sources of the self*. Cambridge, Cambridge University Press, 1989.
27. Muxel, A. *Individu et mémoire familiale*. Paris, Nathan, 1996.
28. Sobre a família como categoria social, ler Bourdieu, P. L'esprit de famille. *In: Raisons pratiques: sur la théorie de l'action*. Paris, Seuil, 1994, p. 135-144.

tensão é muito mais do que um determinismo cromossômico[29], mais do que reproduzir um existir comum familiar; é atualizar as origens, fazer crer na perenidade, lutar por um passado comum. Eis o dever da memória identitária: piedade e gratidão pelo passado compartilhado, já que este, como observa Jankélévitch, "não se defende sozinho, como o presente e o futuro..."[30]

Essa construção de uma singularidade coletiva, supostamente garantida pelo parentesco, é apenas um tipo de identidade de grupo institucionalizado. O pertencimento a esses grupos pressupõe sempre algum cálculo sobre suas condições, custos e eventuais benefícios, isto é, afetos positivos que só as relações próprias àquele universo podem proporcionar. Assim, o denominado individualismo, supostamente característico das sociedades contemporâneas e marcado por baixos níveis de adesão institucional[31], decorre da dificuldade, por parte de alguns grupos sociais, de continuar oferecendo remunerações simbólicas compensatórias das perdas de traços identitários individuais inerentes a qualquer pertencimento[32].

Inversamente, grupos mais fechados, com fronteiras simbólicas nítidas, objetivadas em altos custos de entrada e defecção, pretendem controlar absolutamente os mecanismos de definição identitária. Intolerância: coerência aparente do coletivo em detrimento da diversidade individual. Assim, a identidade, permanentemente reconstruída, é condição de ingresso, permanência e até de exclusão em qualquer espaço social.

Um espaço social é um conjunto organizado, um sistema de posições sociais que se definem umas em relação às outras. Pais e filhos, chefes e subordinados, grandes vedetes e obscuros fracassados. Não há vencedores sem vencidos, ricos sem pobres, etc. O valor dessas posições só pode ser avaliado pela distância que mantém com outras, inferiores ou superiores[33].

---

29. Thevénot, L. Le régime de familiarité – Des choses en personne. *In: Genèse.* Paris, PUF, n. 17, 1994, p. 72-101.
30. Jankélévitch, V. *L'imprescriptible.* Paris, Seuil, 1986, p. 60.
31. Sobre o individualismo na era pós-moralista, ler Lypovetsky, G. *Le crépuscule du devoir.* Paris, PUF, 1992.
32. Schrag, C.O. *The self after postmodernity.* New Haven/Londres, Yale University Press, 1997.
33. Como observa Young, I., um grupo social distingue-se de um simples coletivo em função "do modo pelo qual seus membros se apresentam uns frente aos outros, se autodesignam e produzem o auto-entendimento" (*Intersecting voices*. Princeton, Princeton University Press, 1997).

Não é possível, portanto, definir uma posição pela simples análise de suas características intrínsecas. O sentido e o valor das mesmas dependerão do quanto elas se distinguem das demais posições. Em outras palavras, um espaço social é um sistema de diferenças que define suas posições naquilo que elas excluem outras. A identificação da posição do outro é, portanto, condição da identificação da própria.

Mas, como identificar o *outro*? Como ter certeza da sua existência? A certeza do *cogito*, de poder duvidar, esta nunca a teremos a não ser para nós mesmos. O *cogito* autoriza o flagrante da existência, mas só na primeira pessoa[34]. Para as outras... não somos o seu espírito. Quem poderia garantir que qualquer outro cogita como eu. Esse outro? Certamente não. Poderia tratar-se de uma engenhoca programada para nos enganar. Mas, se a certeza do *cogito* nos escapa, por que não, para garantir o *outro*, uma certeza de segunda classe? Menos imediata?

O *outro* por analogia. Solução também cartesiana[35]: nenhum robô poderia se adaptar à liberdade de um diálogo cujos encadeamentos podem ser pouco previsíveis. O *outro* deve existir porque se comunica comigo, porque dialoga. Se consegue me acompanhar quando mudo de assunto é porque me segue, infere como eu. Existe, portanto, como eu. O *outro* a partir do *eu*. É no diálogo, portanto, na relação que se objetiva o encontro de consciências, que se cria uma generalidade perceptiva.

Analogia pelo diálogo, analogia pelo corpo. Para Husserl[36], o reconhecimento do outro, sua identificação, só é possível a partir da experiência de meu *corpo vivo*, como fonte de movimentos, de sensações e de sentimentos. O que eu percebo do *outro* é, antes de tudo, um outro corpo em ação, expressivo. É porque eu identifico imediatamente uma semelhança entre o meu corpo e o do *outro* que se opera uma transferência de sentido: eu vivo como corpo; vejo um outro

---

34. Sobre o *cogito* cartesiano, Nietzsche observa: "Em algum momento, acreditou-se na 'alma', como se acreditava na gramática e no sujeito gramatical: dizia-se: 'eu' é condição, 'penso' é predicado e está condicionado – pensar é uma atividade para a qual um sujeito *deve ser* pensado como causa. Cogitou-se, no entanto, com admirável obstinação e astúcia, se não era possível liberar-se desta rede. Não seria verdade o caso contrário: 'penso', condição, 'eu' condicionado; 'eu', portanto, apenas uma síntese feita pelo próprio pensamento" (Nietzsche, F. Al di là del bene e del male. *In*: *Opere*, vol. VI, 2, p. 60).

35. Proposta na *Lettres ao marquis de Newcastle* (23/11/1646) – *Classique Garnier*, 1973, p. 694-695.

36. Proposta na *Erste Philosophie* (1922-1924) – *II, Husserliana – Tome VIII, La Haye*, 1959, p. 61-64. *Apud* Husserl. Paris, PUF, 1964, p. 116-118 [Col. Philosophes].

corpo como o meu; este outro corpo deve ser habitado por um outro *eu*. Como na analogia cartesiana, o *outro* surge a partir do *eu*. Num determinado espaço. Um espaço de intersubjetividade.

Intersubjetividade: pertencimento de qualquer sujeito à generalidade do mundo. Perceber o *outro* enquanto sujeito universal pressupõe admitir, como quer Merleau-Ponty, que "eu sou dado a mim mesmo, isto é, que eu me encontro engajado num mundo físico e social"[37]. Para compreender qualquer tomada de posição subjetiva é preciso voltar-se para o espaço social onde a formação deste sujeito enquanto corpo falante se efetua numa configuração socialmente constituída[38].

Desta forma, se as posições de dominante e dominado só podem ser definidas em relação e em função da outra, o reconhecimento do dominante por ele mesmo – enquanto dominante – depende da existência e da identificação de um *outro*, de um dominado. Analogamente, o reconhecimento do dominado por ele mesmo – enquanto dominado – está na existência e na identificação de posições de dominação que ele (ainda) não ocupa. Um se identifica pelo outro.

O agir do dominado objetiva o reconhecimento da posição de dominação. Permite não só a existência do dominante, como sua identificação por ele mesmo. O pressuposto para a consciência da própria posição é a capacidade de se colocar numa posição exterior a si mesmo, transcender-se. Identificar seus traços distintivos a partir da perspectiva do outro simbolicamente representado.

Mais do que da simples existência de uma outra posição, ou de seu ocupante, o dominante depende, para se reconhecer como tal, do reconhecimento da sua existência como dominante pelo dominado. Esse reconhecimento se dá por um conjunto de ações próprias às posições sociais dominadas no campo.

Essas ações, por sua vez, são, em grande medida, não pensadas, decorrentes de um saber prático interiorizado, de um *habitus*. Assim, o dominante só se vê como tal em função de um comportamento habitual do dominado que reconhece a dominação. É o *habitus* do dominado, objetivado em ações socialmente regradas, que permite ao ocupante de uma posição de dominação identificar a distância social que o separa do primeiro. Se cada dominado agisse de forma socialmente

---

37. Merleau-Ponty, M. *Phénoménologie de la perception*. Gallimard, 1994, p. 94-95.
38. Habermas também concebe a identidade em formação intersubjetiva nas relações com os outros. Habermas, J. *The theory of communication action*. Boston, Beacon, 1987.

caótica ante o dominante, a dominação estaria comprometida pela impossibilidade de auto-identificação deste último.

Mas a posição social que nos serve de referencial carece de objetivação permanente. Assim, só as tomadas de posição, isto é, as manifestações dos múltiplos agentes de um universo, indicam, tornam visíveis, aos observadores as distâncias que os afastam. Facultam-lhes o flagrante da estrutura do espaço. Se essa estrutura do mundo social se subjetiva no *habitus* de seus agentes é porque os afeta por meio de manifestações que implicitamente revelam as distâncias entre suas posições, suas regras e seus troféus[39].

As idéias dos afetos do corpo em socialização – resultado da atividade do agente social, observador de outras posições e ações estruturantes do campo visíveis por meio das manifestações de seus ocupantes – têm por objeto, além da natureza do próprio corpo, a natureza daqueles corpos exteriores que o afetam, ou seja, dos agentes sociais com quem se relaciona e cuja ação observa.

As idéias dos afetos do corpo não permitem o conhecimento adequado dos corpos exteriores. Elas nos permitem percebê-los apenas muito parcialmente, na medida em que agem sobre nós por este ou aquele de seus movimentos. A idéia completa de um objeto situado fora de nós – como os demais membros de um campo a que pertencemos – não está, de forma nenhuma, em nosso espírito. Por isso, embora membros de um mesmo campo, seus agentes não se submetem a socializações idênticas, já que este afeta seus membros singularmente, na medida dos encontros e flagrantes singulares.

As distâncias sociais entre os membros do campo, autorizantes ou não desta ou daquela tomada de posição, são percebidas pelos seus agentes na medida em que os afetam, isto é, transformam o observador, adequando-o às expectativas de seu comportamento. Se as posições sociais se convertem em disposições de ação é porque as

---

39. "Se os acontecimentos que transcorrem em nós pudessem ser explicados unicamente pela nossa própria natureza, poderíamos, totalizando-os, compreender esta natureza. Se nosso corpo funcionasse em seu nível de atualização ótimo, o ordenamento dos seus afetos seria a expressão adequada da sua essência. Neste caso, a alma, idéia do corpo existente em ato, teria explicitamente a idéia da essência deste corpo. Mas não é assim: nosso corpo, na verdade, existe apenas deformado por causas exteriores. Torna-se, portanto, "inconhecível". O encadeamento desordenado de seus afetos não nos permite reconstituir sua lei interna. Sua estrutura está lá, mas camuflada pelo fluxo de determinações que lhe chegam do meio" (Matheron, A. *Individu et communauté chez Spinoza*. Paris, Minuit, 1987, p. 312).

primeiras, visíveis em função das manifestações daqueles que as ocupam, condicionam encontros e relações mais ou menos felizes ao longo de uma trajetória no campo.

Assim, os afetos, interpretações psíquicas das ininterruptas modificações corporais que o mundo social nos impinge, oscilam em função dos encontros, também ininterruptos, com esse mundo ao longo de uma trajetória[40]. Encontros felizes são os que aumentam a potência de agir. Isto se dá quando há uma adequação, sempre tendencial, entre posições objetivas no espaço social e disposições subjetivas de ação. Em outros termos, quando inclinações dos agentes sociais coincidem com ações autorizadas, esperadas ou exigidas dos ocupantes de suas posições[41].

O mundo que nos afeta é só o mundo percebido. Desdizendo Berkeley[42], há entre o mundo social perceptível – que poderia ser flagrado num instante – e o mundo social efetivamente percebido abrupta redução. Só este último afeta o ser percipiente e, assim, o socializa. Exemplo: os artigos científicos são produções acadêmicas, tomadas de posição próprias a esse campo. Por mais que estejamos a par da produção em questão, sempre nos deixamos afetar por este ou aquele autor, paradigma ou corrente de pensamento em detrimento de outros que nos escapam. Nossa socialização, propriamente acadêmica, fica, portanto, determinada por essa trajetória singular e seletiva de encontros com as manifestações dos membros do campo.

O mundo encontrado produz efeito. Transforma. Os afetos, como os desejos[43], interpretam a transformação. Estão em fluxo. Desejos

---

40. "Se não reconhecemos as cores mais matizadas, mais confusas, mais misturadas de nossa vida, é porque alegria e tristeza se mesclam, claro, é porque não cessamos de hesitar, de oscilar, de flutuar entre estes dois afetos" (Comte-Sponville, A. *Petit traité des grandes vertus*. Paris, PUF, 1995 (Trad. *Pequeno tratado das grandes virtudes*. São Paulo, Martins Fontes, 2000, p. 273).
41. "Quando encontramos um corpo exterior que não convém com o nosso – isto é, um corpo cujas relações entre suas partes não se compõem com o nosso – tudo se passa como se a potência deste corpo se opusesse à nossa potência, operando uma subtração, uma fixação: dizemos que nossa potência de agir foi diminuída ou impedida e que as paixões correspondentes são de tristeza" (Deleuze, G. *Spinoza – Philosophie pratique*. Paris, Minuit, 2003, p. 41).
42. Para quem "o ser é o ser percebido".
43. "O desejo não é um afeto entre outros, mas o movimento da potência de agir: esta aumenta ou diminui e forma, então, os afetos de alegria e de tristeza, bem como todos os afetos derivados: a inveja é uma forma de tristeza, o amor é uma forma de alegria" (Misrahi, R. *Spinoza et le spinozisme*. Paris, Armand Colin, 1998, p. 44).

sobrepostos[44]. As coisas no mundo valem na medida em que os satisfazem. Valores sobrepostos. Mudam-se os desejos, mudam-se os valores. O mundo nos afeta, nos oferece o desejado e, por isso, passa a ter valor. Um valor singular, como é singular nossa trajetória nele.

Já a identidade, como vimos, supõe a permanência. Ou melhor: a ilusão coletiva da permanência. O valor singular dos afetos denuncia perigosamente o trânsito. Uma definição estável do *eu* requer valores que não evaporem a cada nova experiência. Princípios. Estes estão desde o início da trajetória. Imunes às oscilações do mundo contingente e seus afetos. Berço. Tudo é uma questão de berço quando se quer ser o mesmo do começo ao fim.

II – Identidade: discurso sobre o mundo e seu valor

A identidade é inseparável do valor. A identificação do *eu* se confunde com a identificação do mundo. A existência discriminada do indivíduo é condição e efeito da reflexão axiológica, isto é, da atribuição de valor. Esta, por sua vez, participa, com outras ações, da construção da representação daquele agente particular. Em outras palavras, ação e atribuição de valor afirmam, atualizam e impõem uma individualidade. Como observa Polin, "toda avaliação implica uma avaliação de si mesmo"[45]. Porque o mundo é um espelho.

Mas, onde está, afinal, o valor das coisas? Nelas mesmas? Se a resposta for afirmativa, cabe uma segunda pergunta: em todos os seus átomos? E uma terceira: no núcleo ou na eletrosfera? Talvez os óculos de Platão nos ajudem a encontrar o valor imanente à coisa, o justo na própria ação, o belo lá mesmo na paisagem contemplada, etc. Só noutro mundo, não atômico, podem residir tantos absolutos intangíveis.

Se não está nas coisas do mundo, onde está? Se nada importa em si – porque não há valores imanentes ao mundo –, de onde vem a importância? Quando nos ensinam que os deveres cívicos – como vo-

---

44. "Ora, se considerarmos o espírito humano, observaremos, no que tange as paixões, que ele não se parece com um instrumento de sopro [...] e sim com um instrumento de corda. Quando você assopra uma corneta, o som decorrente do assopro por ela exalado dura rigorosamente o intervalo de tempo do assopro. A interrupção deste leva ao término concomitante do som. Já num instrumento de corda, o toque dos dedos na mesma suscita um som que dura muito mais tempo, determinado pela vibração, do que o toque (ação sobre o instrumento) do músico" (Hume, D. Dissertation sur les passions. *In*: *Les passions*. Paris, Flammarion, 1991, p. 65).
45. Polin, R. *La création des valeurs*. Paris, PUF, 1944, p. 157.

tar – são fundamentais, a que estão se referindo? Se nada vale em si, pode não haver barbárie no estupro de uma criança de colo?[46]

Se o valor está aqui, no mundo percebido, e não está na coisa, só pode ser prerrogativa de quem a contempla[47]. Só tem valor o objeto quando convertido em mensagem, quando flagrado. E nos limites do flagrante. Fenômeno. Se o valor é atribuído por um sujeito que observa, o mundo não percebido é indiferente. Não vale. Equivale a todo o resto também não percebido. A percepção é, portanto, condição do valor. Sua atribuição depende de contemplação do mundo, recepção e emissão. De comunicação, em suma. Por isso, todo valor é comunicado. Por isso, toda ética – ação de atribuir valor – é na comunicação. E ética na comunicação, simples pleonasmo[48].

Mas o sujeito, para valorar, atribuir importância, precisa de critério. Afinal, com base em que referencial pode-se afirmar que para este indivíduo uma coisa vale mais do que outra? Qual o gabarito para a contemplação do mundo? De quantos pontos precisa o real para ser relevante? Qual a relação candidato x vaga para a virtude? Qual a nota de corte da felicidade?

Desejo. Só o desejo. Importa tudo o que desejamos. O desejo é a medida do valor do mundo[49]. Na sua ausência, nada importa. Tudo

---

46. Sobre a pretensão de universalização dos valores, Nietzsche sentencia: "Fica evidente que toda criatura distinta de nós percebe outra qualidade e, portanto, vive num mundo distinto em que nós vivemos. As qualidades são idiossincrazias que nos são próprias, aos homens: pretender que nossas intepretações e valores humanos sejam valores universais e talvez constitutivos é uma loucura hereditária da soberba humana" (Nietzsche, F. *La volontà di potenza*. Milano, Bompiani, 1992, p. 311).
47. Sobre o carácter subjetivo e particular dos valores, Alvarez Turienzo observa: "Os valores são de propriedade das pessoas. Propriedade irrenunciável. Se for renunciada deixam de ser valores. Não são, portanto, propriedades naturais, nem entidades absolutas. Magnitudes práticas, provocam a ação. Não acrescentam nada ao mundo natural. Não objetiváveis como realidades naturais" (Alvarez Turienzo, S. *El hombre y su soledad*. Salamanca, Sigueme, 1983, p. 320).
48. Como exemplo de proposta que apresenta a ética na comunicação como uma entre outras e, portanto, implicitamente sustenta a possibilidade de ética sem comunicação, ler Barros Filho, C. (não confundir com o autor deste artigo, felizmente afetado por discursos esclarecedores desde a sua primeira edição – 1995). *Ética na comunicação*. São Paulo, Summus, 2003.
49. Sobre a medida do valor, Alvarez Turienzo comenta: "Nos valores se concretizam objetivos queridos. São, portanto, elementos do discurso biográfico. Discurso não errático, mas sim orientado. Regulado por objetivos do querer que, sem pudores, chamamos 'ideais'. Desta forma, os valores constituem o argumento de sentido que preenche a distância entre a disponibilidade pessoal e seus usos sob a alcunha de ideal. [...] Em outros termos, são naturalidades apropriadas (portanto, desnaturalizadas)" (Alvarez Turienzo, S. *Op. cit.*, p. 320).

indifere, se equivale. O valor advém dos afetos. Mas então, o que vale? Todo real flagrado, transformado em mensagem, que aumenta a potência de quem observa. É bom, portanto, tudo o que desejamos. Não o contrário. Nunca desejamos nada por ser bom. Nem poderíamos. O desejo é primeiro em relação ao valor, em relação a tudo. Nada vale antes dele. Tudo vale em função dele. Só para quem deseja.

Mas se cada um atribuísse sentido e valor às coisas em função de sua própria potência de agir – desejo – não haveria entendimento possível e comunicação entre as pessoas. Só a existência de algum sentido comum garante um mínimo de ordem e comunicabilidade. Uma sentença para cada cabeça? Seria muito pouco convivial para ser honesto. "Na falta de uma verdade objetiva, só escapamos à pura e trágica dispersão dos pontos de vista singulares pela lei do grupo (as 'tribos') ou da maioria (a democracia)"[50].

No grupo, a definição do que deve ser socialmente aceito como desejável e valioso é objeto de luta. A imposição de um valor, entre muitos outros possíveis, será legítima quando inquestionável em seu procedimento. Desta forma, qualquer valor tenderá à aceitação quanto menos parecer corresponder, arbitrariamente, ao que é, ao desejo, à natureza ou *conatus* deste ou daquele agente. Nessa luta, propriamente social, pela definição legítima do sentido e valor das coisas (A), exclusões e concordâncias coabitam (B).

A – Valor como objeto de luta social

Na impossibilidade, por parte de um agente social, de impor a todos o valor e o sentido[51] que mais lhe convém servindo-se de um argumento subjetivo – como o de considerar uma coisa de alto valor apenas por aumentar sua própria potência de agir –, aquele agente faz prevalecer seu interesse fazendo crer que o valor é imanente a esta coisa – como um clássico da literatura – e, portanto, independente de qualquer avaliador.

Dominação e alienação, portanto, dependem do êxito desse empreendimento. A crença no valor imanente das coisas faz ignorar o caráter arbitrário do processo de sua atribuição, a não reconhecer "o poderio externo que nos domina, a forma como passamos a dese-

---

50. Comte-Sponville, A. La volonté cynique. *In: Valeur et vérité.* Paris, PUF, 1994, p. 29.
51. Bakhtin, M. vai torná-los indissociáveis. *Marxismo e filosofia da linguagem.* São Paulo, Hucitec, 1987.

já-lo, a identificar-nos com ele"[52]. Ignora-se, em suma, o caráter social da construção do desejado.

Assim, por não nos reconhecermos como causa do desejo, acreditamos agir em vista de fins, em função de causas finais[53]. Por acreditarmos que o sentido e o valor das coisas estão nelas mesmas, fora e independentes de nós, tornamo-nos finalistas e normativos. A crença que coisas, ou acontecimentos, são importantes em si, nos faz esquecer que o desejo é a instância última de definição do que importa[54]. Por não percebermos que as coisas apenas são, indiferentes, sem importância, e que importam apenas para nós, que sentido e valor são prerrogativas de atribuição de um sujeito, que nos submetemos a valores preestabelecidos, a sentidos já outorgados.

Desta forma, o homem que, segundo a conhecida fórmula de Protágoras, seria a medida de todas as coisas, não é nem o indivíduo nem a espécie, mas "um grupo social cujos membros sustentam a existência dos mesmos valores e que estruturam esta avaliação comum das coisas"[55]. A medida das coisas continua, portanto, no homem, enquanto processo ininterrupto de subjetivação de estruturas sociais. Assim, a luta social por excelência é pela definição e imposição do sentido e valor das coisas do mundo, de uma classificação legítima dessas coisas.

Resultado de uma tomada de posição, determinada histórica e socialmente e objetivada numa formulação discursiva, todo valor pressupõe uma atribuição manifesta a partir de uma posição no mundo social, a partir de um ponto de vista excludente de infinitos outros. Assim, desejos, *conatus* ou *clinamens* se equivalem de direito – afinal, são todos iguais perante a lei –, mas não de fato, enquanto manifestações diversamente autorizadas pelo grupo.

Com efeito, cada manifestação que interpreta o mundo atribuindo-lhe subjetivamente sentido e valor apresenta eficácia singular na construção do sentido e valor social das coisas. Isso porque qualquer

---

52. Chauí, M. *Espinosa: uma filosofia da liberdade*. São Paulo, Moderna, 1995, p. 67.
53. "Assim, a vida não tem nada de específico e as noções mais ou menos confusas pelas quais de ordinário se a representa não têm nenhum valor explicativo próprio: o esforço para perseverar no ser, ao qual ela se reduz, não é uma espontaneidade que se determina sob a razão de fins" (Delbos, V. *O espinosismo*. São Paulo, Discurso, 2002, p. 121).
54. Weintraub, K.J. *The value of the individual*. Chicago, University of the Chicago Press, 1978.
55. Caujolle-Zaslawsky, F. Sophistique et scepticisme. In: *Positions de la sophistique*. Paris, PUF, 1979, p. 157.

manifestação é sempre enunciada por um porta-voz a partir de uma posição social singular. Seus ocupantes estão desigualmente autorizados a interpretar o mundo.

O sucesso de uma manifestação que, movida pelo interesse social – desejo – de quem fala, atribui sentido sobre o que fala depende da felicidade do encontro do que é falado com quem ouve. A felicidade desse encontro é, em grande medida, definida antes da manifestação, portanto antecipada. Afinal, os ocupantes desta ou daquela posição social já estão socialmente legitimados a falar e a ouvir.

A concordância feliz por parte de quem ouve, a certeza de que "era isso que precisava ser dito naquele momento", a potência de agir aumentada pelo ajuste entre as palavras ouvidas e a expectativa que as precedia resultam apenas de uma adequação – não no sentido espinozano – entre um *habitus* lingüístico e um espaço social de definição de valor e sentido sobre as coisas ditas.

Em outras palavras, o discurso sobre o sentido e valor das coisas do mundo terá sua eficácia condicionada ao seu próprio valor social. A competência técnica, portanto social, de quem fala sobre este ou aquele recorte da realidade será avaliada, valorada em um mercado de enunciações, isto é, em função de um sistema social de formação de um preço lingüístico em grande medida já interiorizado pelo receptor. Neste mercado, como em qualquer outro, há, em meio à intensa competição, inúmeras concordâncias sobre suas regras, seus limites e participantes.

B – Valor: exclusões e concordâncias

Toda trajetória é constituída por múltiplos encontros com o mundo social percorrido. Esses encontros se objetivam em relações que transformam seus agentes, produzem efeito sobre eles. São afetos passionais porque desencadeados por elementos que lhes são externos. Nunca somos, portanto, a causa – adequada – de nossas paixões[56].

As relações com outros agentes deste mundo social são governadas pelas leis naturais da identificação: assim, o homem, sendo parte da natureza, é afetado, de múltiplas maneiras, por outras partes des-

---

56. Diferentemente da paixão, agimos quando algo acontece em nós ou fora de nós de que somos a causa adequada, isto é, explicável exclusivamente pela nossa natureza. Sobre as conseqüências da separação espinozana entre ação e paixão, ler Alain. *Spinoza*. Paris, Gallimard, 1996, p. 62-65.

sa mesma natureza. Trata-se de um ser natural porque obedece à necessidade imanente das leis do *Todo-Uno*.

Mas, dado que o homem se encontra, desde o início de sua trajetória, engajado nesse comércio afetivo, sua existência é também social. Vive em espaços de relações sociais que o afetam e o constituem. Assim, "o estado social é uma continuidade do estado natural; em outras palavras, o homem se socializa segundo uma necessidade que não escapa à ordem natural, e esta socialização dinâmica é, antes de tudo, afetiva"[57].

Todo campo social é um espaço relativamente autônomo de relações. Essa autonomia relativa se deve à especificidade, também relativa, das relações sociais que o constituem e de seus afetos. Os agentes do campo, nessas relações, ao se deixarem afetar, submetem-se a um processo próprio de socialização[58]. Logo, a despeito da luta social pelo acesso aos troféus, que caracteriza qualquer campo, há algo em comum entre seus integrantes. Algo sobre o qual a concordância é fundamental.

Sem uma certa homogeneidade entre causa e efeito, nenhuma relação causal é possível. Dois seres que não tivessem nada em comum evoluiriam em planos distintos sem poder se afetar[59]. "Portanto, a nossa potência de agir, de qualquer modo que ela seja concebida, pode ser determinada, e, conseqüentemente, favorecida ou entravada pela potência de uma outra coisa singular, que tem algo em comum conosco, e não pela potência de uma coisa, cuja natureza seja inteiramente diferente da nossa"[60].

Por isso, seres semelhantes tendem a se afetar mais[61]. Não pode haver inveja da altura de uma girafa. Da mesma forma, as ações ins-

---

57. Séverac, P. *Éthique-Spinoza*. Paris, Ellipses, 1997, p. 24.
58. Sobre a sociabilidade em Espinosa, ver Balibar, Etienne. *Spinoza et la politique*. Paris, PUF, 1985 [Col. Philosophies].
59. "Eu e outro somos como dois círculos quase concêntricos, que só se distinguem por um leve e misterioso afastamento. É esta semelhança o que talvez nos permita entender a relação com o outro..." (Merleau-Ponty, M. *La prose du monde*. Paris, Gallimard, 1989, p. 185).
60. Espinosa, B. *Ética. Op. cit.*, IV, prop. XXIX, demonstração.
61. "Não se deve ser nem rústico nem estranho, mas agradável e familiar, porque nenhuma diferença haveria da murta à gibaldeira, se uma não fosse familiar e a outra selvagem. Sabem que são agradáveis os que no trato comum têm os mesmos modos que costumam ter os amigos entre si. Quem é estranho parece em todo lugar estrangeiro, o que equivale a dizer forasteiro, enquanto os familiares, aonde quer que possam ir, parecem, pelo contrário, ser conhecidos e amigos de todos" (Della Casa, G. *Galateo ou dos costumes*. São Paulo, Martins Fontes, 1999, p. 22).

critas nas relações entre agentes submetidos a socializações semelhantes também tendem a afetar mais[62]. Assim, o pertencimento a um campo intensifica os afetos por assegurar o domínio de um sentido comum a qualquer manifestação. Comunidade de interesses convertida em comunidade semiótica. A pilhéria de um panificador ante um psicanalista é menos ofensiva do que a apresentada entre colegas.

Socializações semelhantes não são prerrogativa exclusiva dos membros de um determinado campo. Antes de pertencer a um deles, todos os indivíduos já se encontravam inscritos num "campo dos campos", um campo das classes sociais. Todo agente social, desde o início de sua trajetória, ocupa posições na estrutura de classe. Seria impensável cogitar em investimentos sociais em qualquer campo sem considerar o pertencimento a uma delas[63].

Em outras palavras: as práticas dos agentes membros deste ou daquele campo são o produto da composição de processos de socialização intrínsecos ao campo e extrínsecos a ele. Por isso, ocupantes de posições semelhantes em dois ou mais campos tendem a adotar, por homologia, estratégias semelhantes, de conservação ou de subversão da estrutura do espaço, dependendo da posição que ocupam.

Relacionam-se e afetam-se privilegiadamente. Porque, apesar de disputarem troféus diferentes, segundo regras também distintas, pertenceram ou ainda pertencem às mesmas instâncias de socialização. Num colégio de elite estão sendo preparados, lado a lado, dominantes para distintos espaços sociais. Da mesma forma, coincidem a modalidade e o local de práticas esportivas, atividades culturais, etc.

A adesão ao valor dos troféus, às regras do jogo, ao limite do eticamente aceitável das tomadas de posição são concordâncias que pressupõem o pertencimento a qualquer campo social. Toda estratégia de subversão esbarra nesse implícito social, que não deve ser confundido com os tão preconizados pactos ou consensos sociais.

Como observa Mary[64], todo consenso se refere a um fundo comum de representações "consideradas no seu conteúdo e não nas

---

62. Nesse sentido, para Young, I. (*op. cit.*, p. 393) a identidade é produto que depende da existência de posições sociais *intersectantes*.
63. A influência é certa. A explicação mecanicista, tentadora. Mas a participação das classes na lógica interna do campo deve ser avaliada pela ótica da singularidade da trajetória de cada agente, de seu *habitus*.
64. Mary, A. Le corps, la maison, le marché et les jeux. Paradigmes et métaphores dans le "bricolage" de la notion d'habitus. *In*: Lectures de Pierre Bourdieu. *Cahiers du Lasa*, 8-9, 1989, p. 9-102. Caen, Université de Caen.

suas formas *a priori*, que as tornam possíveis e pensáveis". O *habitus*, diferentemente, é um sistema de esquemas que define o sentido dos limites da ação no interior de uma formação social. Encontra-se, portanto, no princípio da inteligibilidade das práticas simbólicas e ideológicas. Não requer um engajamento calculado, uma manifestação explícita de adesão.

O encontro de duas pessoas ou coisas é o encontro de dois *conatus*[65]. Vimos que a semelhança é condição do afeto. Duas pessoas podem se afetar na medida em que apresentam características comuns. Assim, no campo, o que permite o afeto entre seus membros são suas condições de existência tacitamente aceitas por todos. Mas o campo, como todo espaço social estruturado, também se objetiva numa arena de conflito: interesses comuns cuja satisfação é excludente. Essa exclusão implica afetos negativos.

Mas o que, na semelhança parcial de membros singulares de um mesmo campo, poderia ensejar um afeto negativo? Imaginemos dois integrantes X e Y de um campo qualquer. X possui as características A e B, e Y as características A e C. Imaginemos que A seja o reconhecimento comum do grande valor que representa ocupar determinado posto. Em que medida, neste caso, o indivíduo X pode ser danoso ao indivíduo Y? Em que medida o *conatus* de X pode diminuir o de Y? A causa desta diminuição não pode ser A, já que um ser de natureza A não poderia, ao agir, desencadear conseqüências que neguem essa mesma natureza. Neste caso, X e Y nunca poderiam ter existido.

E a propriedade A de X não poderia trazer dano à C de Y? Também não. Se as conseqüências da ação de alguém de natureza A acarretassem a negação de C, haveria incompatibilidade em Y destas duas características, posto que Y é simultaneamente A e C. Y seria ontologicamente impossível. E a propriedade B de X poderia causar dano à propriedade A de Y? Não, pela mesma razão da combinação anterior. A incompatibilidade entre A e B tornaria X inviável.

Logo, nunca é pela nossa natureza comum que poderemos afetar negativamente o *outro*. São as propriedades B de X e C de Y que podem produzir dano reciprocamente. Assim, num determinado

---

65. "O esforço para perseverar no ser é geral para tudo o que existe, mas se exprime de diversas maneiras em naturezas diferentes. No que concerne o homem, o *conatus* que lhe é próprio é – se considerarmos o espírito, a vontade, não enquanto faculdade de livre-arbítrio (excluído por Espinosa) – o esforço para fazer e obter tudo o que aumenta a potência do corpo e evitar tudo o que a diminui" (Cristofolini, P. *Spinoza – Chemins de l'éthique*. Paris, PUF, 1996, p. 43).

campo social, a luta que exclui e afeta negativamente não pode ter como causa o que é comum.

O campo, enquanto espaço de afetos decorrentes de encontros sociais relativamente específicos, é um universo passional. Na paixão, os agentes sociais em relação são exteriores uns aos outros. Assim, a lógica de funcionamento de qualquer campo, objetivada na dupla tendência de concordâncias e disputas, só pode encontrar fundamento na paixão.

Detalhando a proposta: no amor reconhecemos o outro como fonte de nossa existência. Nosso *conatus* é determinado pelo do ser amado. Portanto, queremos que este último se fortaleça. Para isso, desejamos que o outro ame o que amamos. Se odiar, odiará a fonte de nossa existência e, por conseguinte, a nós. O ódio, o desprezo ou mesmo o desinteresse do outro pelo ser amado reduz o *conatus* deste último e, conseqüentemente, o nosso. Por isso, odiamos a todos que odeiam o que amamos. É o que sentimos por aqueles que, por não pertencerem ao mesmo universo social, não jogam o mesmo jogo e, portanto, não atribuem valor a seus troféus. Desprezam o que amamos.

Mas também entramos em conflito com os que amam o que amamos. Isso porque o amor apaixonado tende à posse. Sendo fonte de nossa existência, queremos a segurança de tê-lo sempre junto a nós. Desta forma, se o outro ama o mesmo ser, pressupomos que também buscará possuí-lo, o que pode afastar-nos do objeto amado. Esses são os afetos que caracterizam a *práxis* de membros em luta num mesmo campo.

Não é porque amamos a mesma coisa, ou disputamos o mesmo troféu, que entramos em conflito. Como vimos, este último nunca pode decorrer de propriedades comuns. Somos potência desejante e o amor só faz confirmar nossa natureza. Mas, então, de onde vem o conflito?

Lutamos porque imaginamos diversamente o ser amado, o objeto da luta. Amamos imaginando estar de posse dele, já detê-lo. Odiamos, inversamente, a idéia deste objeto possuído por outro. O ser amado permanece o mesmo para os dois. Mas a imaginação de seus amantes o discrimina em suas mentes.

O pertencimento a um campo, como o ciúme, implica múltiplos afetos decorrentes da singularidade das representações que constrói cada agente sobre os bens em circulação e em disputa: amor pelo troféu, ao que atribuímos em disputa um valor positivo, como o posto de governador ou presidente da República para o agente do campo político, a direção de um prestigioso centro de pesquisa científica para o campo acadêmico, a seleção brasileira, para o jogador de futebol; amor por aquele que joga o jogo, que ama e reconhece o mesmo troféu, isto é, atribui valor positivo ao que amamos. Indica este afeto a declaração: "somos adversários circunstanciais, mas tenho profundo respeito pelo candidato Cintra"[66]; ódio pelos co-partícipes do campo, porque disputam conosco os troféus. Afeto presente nas lamúrias de derrotados sobre suposta imparcialidade das bancas de concursos universitários; amor por nós mesmos, pois, ao amarmos quem reconhece o troféu que desejamos, reconhecemo-nos como causa do aumento do *conatus* do campo de que participamos. Assim, ao reconhecer a relevância da atuação do nobre adversário, "ilustre causídico", contribuímos para aumentar o valor, a importância do campo jurídico; ódio por nós mesmos, pois, ao odiarmos quem ama e reconhece o troféu que desejamos, reconhecemo-nos como causa do apequenamento do *conatus* do campo de que participamos: "Às vezes dá vergonha de ser jornalista esportivo"[67]; ódio pelo troféu, pois, dada a concorrência, concebemo-lo como podendo ser possuído por outro: "que fique ele com isso; conseguiremos coisa muito melhor"[68].

Assim, a dupla tendência de acordo e conflito entre membros integrantes de espaços sociais estruturados e relativamente autônomos encontra na filosofia de Espinosa sólido ponto de apoio. Afinal, amaremos outro por amar o que amamos e o odiaremos por pressupormos querer afastá-lo de nós.

Nesses espaços, socializações semelhantes produzem razões práticas semelhantes, tendências de agir e de reagir semelhantes, ante encontros com este ou aquele elemento do mundo, ante esta ou aquela condição material de existência. Os encontros com o mundo, porque são alegres ou tristes, porque aumentam ou diminuem nosso *conatus*, nos ensinam a agir de forma a conservar-nos.

Nesse processo pedagógico, experimentamos a alegria e a tristeza repetidamente e associamos tais afetos a este ou aquele elemento

---

66. Declaração de Geraldo Alckmin, durante o segundo debate para o primeiro turno das eleições para prefeito de São Paulo, em 2000, exibido pela Band.
67. Declaração de Jorge Kajuru no programa *Esporte Total* da Band (18/07/03).
68. Declaração de um derrotado anônimo em qualquer momento de derrota.

do mundo social que consideramos causa[69]. Desta forma, ao nos depararmos com um elemento A, ele nos remeterá a B se tivermos sido afetados associadamente por A e B[70].

O *habitus* é, portanto, conseqüência da sobreposição de afetos passionais. Toda socialização – e o *habitus* é parte não refletida desta – implica paixão, isto é, influência do mundo social sobre o ser, em afeto inadequado. A paixão constitui o ser a partir de seus encontros com outros seres no mundo. Daí a sua passividade, a sua impotência. O nosso êxito na vida social, o sucesso do esforço que empreendemos para preservar nosso ser, depende, no caso da paixão, do estado de preservação de si – *conatus* – do ser desejado. O apaixonado é sempre determinado pelo *outro*.

Por isso, o fato de pertencermos a um espaço de relações relativamente autônomo, como os campos político, universitário, literário, etc., implica sempre investimentos determinados por afetos passionais. Se as ações no campo só são explicáveis a partir das ações de seus outros agentes é devido à heteronomia – incapacidade não percebida de autodeterminação – de todos os seus participantes. A existência no campo, objetivada por esta ou aquela tomada de posição, só se entende a partir da alteridade, da existência social do *outro*, da posição por ele ocupada.

Concluímos, portanto, com a unidade ontológica entre o campo, enquanto espaço de posições objetivas e o *habitus* enquanto disposições subjetivas de agir[71], de pensar e de se definir. A idéia de um afeto qualquer não nos fornece o segredo da sua origem: tomada nela mesma, ela não contém nada que nos permita discernir entre o que ela deve ao agente social afetado e o que ela deve ao meio, ao campo, enquanto espaço de relações e afetos. Não há, portanto, como discriminar o universo social objetivamente considerado da subjetivação

---

[69]. "Quanto mais uma imagem está junto a um maior número de outras, mais freqüentemente é avivada" (Espinosa, B. *Ética. Op. cit.* V, prop. 13).

[70]. Matheron, A. *Op. cit.*, p. 67. Ver também Espinosa, B. *Ética. Op. cit.* II, prop. 18.

[71]. A eventual distância entre uma cultura objetiva e a cultura subjetiva, ou, ainda, a consciência da distância possível entre a objetivação e a alienação faz parte, de há muito, das preocupações das ciências sociais. A idéia de que o ator sedimenta apenas uma parte da memória social, no limite dos flagrantes da sua trajetória singular, e de que a cultura objetivada se transmite de geração em geração é uma representação que, enunciada de múltiplas maneiras, está presente em muitas propostas sociológicas. Para um balanço das mesmas, ler Héran, F. La seconde nature de l'habitus. Traditions philosophique et sens commun dans le langage sociologique. *In: Revue Française de Sociologie*, vol. XXVIII, n. 3, 1987, p. 385-416.

de alguns de seus aspectos flagrados ao longo da trajetória de qualquer um de seus agentes[72].

Por isso, o discurso identitário, enquanto ação comunicada – enunciada/recebida – e identificadora de alguém, é indissociável dos processos de socialização de que é objetivador. Assim, todos os *eus* – profissional, familiar, esportivo – podem ser melhor compreendidos como obra coletiva de manifestações estruturantes e estruturadas pelo espaço social e discursivo no qual circulam, com resultados sempre provisórios, e da qual participam, de forma mais refratada do que refletida, seus sujeitos/objetos.

A título de estudo de caso, apresentamos as principais características do discurso de autodefinição do profissional de relações públicas, bem como as condições sociais de sua produção.

III – Identidade do comunicador: o discurso sobre um fazer

A doutrina se repete. As metáforas se multiplicam. A "casa de vidro" é uma exigência obsessiva. A "livre circulação" e a "transparência" estão onipresentes no discurso do profissional de relações públicas quando fala sobre si, sobre a singularidade de seu trabalho. A apregoada função de canal desconsidera qualquer tipo de intervenção na mensagem. O sujeito profissional apenas "permite o acesso". Informa "sem deformar". Dá a conhecer o que já é. Com "clareza" para esclarecer e "imparcialidade" para não opinar. O profissional de relações públicas garante oferecer aos agentes de um espaço – classificados em distintos públicos – as informações "realmente relevantes". Esse discurso implica consideração de valores morais, tidos por evidentes, no exercício da profissão. O artigo que segue tem por objeto esse discurso moral e suas tendências mais recorrentes.

Apresentamos o resultado de uma pesquisa realizada junto a sessenta relações públicas (RRPP), entrevistados ao longo do segundo semestre de 2003. As entrevistas foram abertas, semi-estrutura-

---

[72]. As dobras do social se encontram assim incorporadas nos indivíduos sob a forma de hábitos. Por vezes, insiste-se, em última instância, no primado da dimensão do "papel social" sobre a identidade, quando se afirma que são os contextos que comandam a cada instante a unificação do ator para as necessidades da ação. Já outros destacam que, em função da situação, o indivíduo se engaja na ação servindo-se de diversos referenciais em repertório que ele disponibiliza. Ver Corcuff, Ph. Le collectif au défi du singulier: en partant de l'habitus. *In*: Lahire, B. (ed.). *Le travail sociologique de Pierre Bourdieu*. Paris, La Découverte, 1999. – Ver também Acteur pluriel contre habitus? *In*: *Politix*, n. 48, 1999, p. 157-173.

das. O único estímulo pautado era o próprio objeto da pesquisa – o fazer do RRPP e sua deontologia. As respostas, gravadas em fitas cassete e transcritas, permitiram, desde as primeiras entrevistas, uma categorização que se manteve: de um lado, discursos sobre deontologia – dever ser – do RRPP e, de outro, sobre teleologia – para que serve sua atividade. Nossa investigação restringe-se à análise dos discursos constitutivos da primeira categoria: como deveria ser a conduta profissional de um RRPP.

A existência de apenas duas categorias, que permitem o enquadramento de mais de 95% das manifestações registradas, revela a semelhança das propostas dos profissionais entrevistados a respeito de suas atividades. Tal semelhança nos autoriza apontar para a existência de uma identidade do RRPP, isto é, de um discurso definidor de suas singularidades, relativamente compartilhado.

Analisaremos, na primeira parte deste estudo de caso, o campo de RRPP como espaço social de produção de um discurso moral da profissão (A) e, na segunda parte, esse discurso como revelador da *illusio* de pertencimento àquele campo (B).

A – O discurso ético revelador de um campo social

A metáfora da transparência, usada à unanimidade pelos profissionais de RRPP como símbolo de regra deontológica, aproxima – ou mesmo identifica – o espaço social de produção de definições do mundo do espaço físico natural. A dificuldade dessa importação – da ótica para a cultura – reside no caráter simbólico dos espaços sociais. O espaço em que navega a luz – onde faz sentido falar em transparência – se reconstitui em permanência por nexos intermináveis de causalidades materiais, objeto da inquietação de cientistas físicos e duros. Um espaço contínuo, encadeado por estes sujeitos que buscam sua explicação.

Os espaços sociais, por outro lado, são humanos. Por isso, simbólicos. Só símbolos facultam relações. Consigo mesmo e com o mundo. Mundo que existe e se posiciona para um flagrante – humano, subjetivo. Espaços de posições, portanto. Posições cujos ocupantes só se relacionam porque são simbolizados, representados. Representações que estão sempre no lugar de algo ou de alguém. Realidades substituindo realidades. Que não se confundem. Que diferem. Que podem parecer, mas nunca transparecem.

Mas, então, por que a transparência está presente, mais ou menos explicitamente, na totalidade dos discursos registrados? Tal unanimidade parece indicar uma condição – de natureza deontológica – de pertencimento ao campo de RRPP. Sustentamos a hipótese de que esse discurso hegemônico, para esconder a dimensão conflitiva e ideológica dos espaços sociais dos quais participam seus porta-vozes, atribuem veracidade aos relatos e democracia à sua produção.

Transparência: conflito e valor

A *transparência* é citada exaustivamente pelos RRPP quando falam sobre seu ofício. Nunca enquanto eixo estruturante do campo ou ideologia em conflito com outras, mas como regra deontológica, norma de conduta profissional. Costumam acompanhá-la "canal" ou "vidro", entendidos por igualmente neutros. Assim, para Ana Valéria Haddad, "...guardião da comunicação nas empresas, o profissional de RRPP deve assegurar a livre circulação de informações, criando canais de comunicação eficientes e rápidos"[73].

Esse guardião, destacado pela entrevistada, pressupõe que haja algo a guardar – uma representação da empresa intocável a ser protegida. Guarda e mantém as coisas como são. Conserva. Assegura a livre circulação – anula a ação daqueles que a ela se opõem. Anula sem agir. Porque, se agir, produz efeitos, afeta.

Na mesma perspectiva, o código de ética dos profissionais de RRPP também determina que o exercício profissional garanta a transparência nas empresas. Mas o que deve transparecer? A sua constituição. Como todo espaço social, uma empresa é constituída por relações. Ações em relação. Se a transparência dessas ações precisa ser garantida é porque são, pelo menos em parte, opacas, pouco ou nada visíveis. Sem a ação de um "RRPP ético", algumas ações em uma empresa são mais nítidas do que outras. Como observa Mário Sérgio das Graças[74], "a transparência é uma coisa que não se dá sozinha".

Mas, por que as relações não são naturalmente transparentes? Porque – em qualquer campo social – estruturam-se em torno de objetos de luta. Esses troféus, por sua vez, mais ou menos raros, sempre ensejam conflitos. Conflitos decorrentes de interesses e desejos

---

[73]. Ana Valéria Haddad, profissional de relações públicas e gerente de comunicação da Phillips na América Latina, nossa entrevistada em 15/10/2003.
[74]. Mário Sérgio das Graças, profissional de relações públicas e professor de ética da Faculdade Cásper Líbero, nosso entrevistado em 05/11/2003.

incompatíveis, cujos objetos são imaginados diferentemente[75]. Assim, toda empresa é mais do que simplesmente um espaço funcional de produção de bens ou de prestação de serviços. É também um espaço de conflito. Seus integrantes não querem, necessariamente, ao agir, atingir objetivos comuns. Não lutam pela eficácia do sistema, mas pela satisfação de seus próprios apetites. Sem atos interessados não haveria troféus, nem campos sociais.

Disso discrepa o discurso do profissional de RRPP. Como observa Antônio Carlos Costa, "estamos estimulando todos – colaboradores e direção – na busca da comunicação integrada, *eficaz*, rápida e disponível para todos os níveis. E também estimulado o *feedback* e a retroalimentação para garantir a livre circulação dos fluxos de informação na busca de melhores mecanismos e canais de comunicação mais *eficazes* e de livre circulação"[76] (grifos nossos).

Mas por que um espaço de conflito, com as características de uma empresa ou um campo social, não pode ser transparente? Porque revelar as relações e ações estratégicas de seus participantes pressuporia uma ação reveladora desinteressada, comprometida só com o Bem, com uma ética transcendente, pura, descarnalizada, imune aos afetos. Quem sabe o Bem de Platão garantido pelo *Estrangeiro* de Rousseau?

A ética do RRPP, ao menos a preconizada pelo seu código, supõe a possibilidade de uma denúncia imparcial, neutra e desinteressada. Mesmo que existisse esse agente asséptico, suas revelações – porque existem e produzem efeitos – participariam necessariamente da relação de forças específica ao espaço. Revelar o que se esconde é desnudar, participar da luta denunciando – com pretexto ético – o sigilo como estratégia. Por isso nem tudo é revelado. Cínica ou alienada-

---

75. A rigor, o que enseja o conflito não é o troféu – a existência de um mesmo objeto de interesse. É a maneira como é imaginado o troféu pelos agentes em disputa. Cada um o concebe como estando sob sua tutela. E quando o imagina em posse de outro agente, essa idéia exclui a imagem da própria posse do mesmo troféu. Instaura-se, assim, a discórdia.

76. Antônio Carlos Costa, profissional de relações públicas da Sygenta Proteção e Cultivo Ltda., nosso entrevistado em 13/10/2003. A livre circulação de informações só tem relevância na satisfação dos múltiplos interesses em qualquer universo quando implica a livre manifestação dos mesmos. Ora, todo estímulo para uma tomada de posição só se faz necessário quando espontaneamente ela não ocorreria. Assim, jamais se saberá se o *feedback* colhido pelo RRPP em função de um estímulo é conseqüência de um sincero ponto de vista ou uma formulação construída para satisfazer uma exigência social. Assim, a pesquisa flagra uma opinião preexistente ou faz surgir um discurso que jamais existiria sem ela.

mente. Como admite Ana Valéria Haddad: "Principalmente, atuando junto à diretoria para garantir que *as decisões de interesses dos funcionários* sejam informadas a eles com transparência e rapidez. Este é um dos maiores desafios do profissional de RRPP junto ao público interno"[77] (grifo nosso). Pergunta-se pelas outras decisões, que atendem a outros interesses.

A transparência pressuporia não só revelar tudo, mas também revelar para todos. Livre acesso. Democracia. Interna e externa. Para todos os públicos. Assim destaca Larentis: "Acredito que o profissional de relações públicas tem que prezar em primeira instância pela democratização das informações. Prezar pela clareza está ligado à ética"[78]. Essa ênfase na "facilitação" do acesso à informação faz esquecer a reflexão sobre o processo de definição e produção da mesma. Processo de escolha. De valoração. De definição de importâncias. Assim, sentencia Nivalda Fonseca: "Na minha opinião, o profissional deve gerenciar as informações, garantindo a transparência mesmo em casos polêmicos. Gerenciar é definir importâncias. Saber o que é relevante para a imagem da empresa e o que não é"[79].

Para além do bem e do mal, valores não guardam título ontológico. Em outras palavras, as coisas do mundo têm valor para quem as considera, para um sujeito que deseja, na medida do seu desejo. Desta forma, não poderiam ser mais do que boas ou más para a potência de quem as encontrar. Boas porque agradam, más porque desagradam. Valores são apenas produtos de encontros. Atribuir valor permite hierarquizar, separar o mais importante do menos importante. Sempre subjetivamente. Nunca imparcialmente. Opaco travestido de transparente. Bom e mau travestidos de bem e mal. Imanência travestida de transcendência. Moral travestida de ética.

Como observa Nivalda Fonseca[80], "garantir a transparência é atuar de forma ética. Ética é algo que deve ser levado a sério em qualquer profissão e na vida pessoal. É agir de acordo com os princípios e valores nos quais realmente acreditamos". "Acreditar realmente" em alguns valores implica desacreditar em outros. Hierar-

---

77. Ana Valéria Haddad, profissional de relações públicas e gerente de comunicação da Phillips na América Latina, nossa entrevistada em 15/10/2003.

78. Cândida Larentis, profissional de relações públicas, nossa entrevistada em 20/10/2003.

79. Nivalda Fonseca, analista de comunicação empresarial da Samarco mineração, nossa entrevistada em 03/11/2003.

80. Nivalda Fonseca, analista de comunicação empresarial da Samarco mineração, nossa entrevistada em 03/11/2003.

quizar. Atribuir importância a certos critérios de apreciação da conduta em detrimento de outros. Ora, essa discriminação entre bons e maus valores ou entre melhores e piores pressupõe escolha, decisão, ação sobre a realidade. Incompatível com o caráter inerte, vítreo da transparência.

Assim, a seleção das informações pressupõe uma atividade de hierarquização a partir de critérios definidos pelo profissional e, portanto, incompatível com os atributos de "transparência e objetividade" em regra aludidos. Essa incompatibilidade parece não constranger nossos entrevistados. Isso porque o valor das informações é considerado imanente, apenas constatado por aquele que com elas trabalha. Como observa Marco Antônio Ferreira, "atualmente cuido da compilação e fornecimento *da parte mais relevante dessas informações*, passando-as posteriormente para nossa assessoria. Não cabe a mim decidir sobre o que é importante. Tenho me empenhado em imprimir um ritmo de clareza, transparência e objetividade em todas elas"[81].

Valorar para hierarquizar. "Respeitar as coisas como todos sabem que elas são". Selecionar "o mais relevante". "O que realmente interessa". Não destacar o "irrelevante", "o que não interessa a ninguém". A moral do discurso transparente atinge seu ponto culminante com a conclusão inevitável: o RRPP deve dizer a verdade[82].

Transparência e verdade

O discurso do profissional de RRPP combina ora cínica, ora alienadamente, duas análises dificilmente aproximáveis: a verdade como relação entre o que é dito (relato) e sobre o que se diz (objeto relatado) – discurso da transparência, da neutralidade, da casa de vidro, e a verdade como relação entre o que é dito (relato) e quem diz (porta-voz) – discurso do agenciamento, do *gatekeeper*, da conveniência, da melhor imagem, etc. A declaração que segue aponta para essa duplicidade e deixa claro o paradoxo presente em boa parte dos discursos: "essa é uma pergunta difícil de responder – a pergunta a que se refere o entrevistado é: *o discurso do RRPP apenas reflete o que a empresa é ou participa da sua definição?* – se formos usar somente a verda-

---

81. Marco Antônio Ferreira, profissional do departamento de marketing da Yakult, nosso entrevistado em 26/10/2003.
82. Mandamento presente no Código de Ética profissional já aludido.

de. Veja que os profissionais de comunicação de empresas devem seguir o caminho da ética e da transparência, sim e sempre..."[83]

A primeira análise busca fundamento na articulação entre a linguagem e o real; a segunda funda uma teoria da verdade em relação com o sujeito e com sua palavra. Confundem-se na aparência, mas só na aparência, porque a primeira análise faz da deontologia do RRPP um problema de linguagem enquanto que a segunda um problema de comunicação.

Assim, como observa Nivalda Fonseca, "a verdade é sempre o melhor caminho. Nunca se deve mentir. A diferença está na forma de comunicar e é justamente para auxiliar neste processo, encontrar a melhor forma de dizer a verdade, que as empresas contratam profissionais de relações públicas"[84].

Na relação entre o que se relata e o que se pretende relatar, partimos de uma constatação preliminar: um espaço de relações sociais – como uma empresa – não é definível. As condicionantes de tempo e espaço que marcam todo olhar fazem com que qualquer tentativa de identificação da sua diferença específica já se encontre de ofício datada no tempo e recortada pelo ponto de vista. Por isso, todo espaço admite infinitas definições. Se é impossível saber o que um espaço é, também não podemos avaliar o grau de correspondência entre a definição e o espaço definido. Nem definições perfeitas, nem melhores ou piores. Desta forma, a cena está livre aos que se atreverem, ou se interessarem. A realidade terá dificuldade para desmenti-los.

No discurso do RRPP falando sobre seu trabalho, a definição do espaço é tarefa fundamental. Como destaca Antônio Rodrigues, "nas empresas do grupo CPFL existe um Código de Ética que orienta as nossas ações, inclusive prescrevendo, para a área de comunicação, a rigorosa obrigatoriedade de transparência nos nossos relacionamentos com diversos públicos. *É preciso que nossos públicos saibam o que a empresa realmente é*"[85] (grifo nosso).

A declaração nos remete, de um lado, às condições subjetivas de qualquer conhecimento. Como saber o que um espaço social, como uma empresa, "realmente é" a não ser pelo olhar de um observador

---

83. Carlos Arce, profissional de relações públicas do departamento de marketing da International Engines South America Ltda., nosso entrevistado em 06/11/2003.
84. Nivalda Fonseca, analista de comunicação empresarial da Samarco mineração, nossa entrevistada em 03/11/2003.
85. Antônio Rodrigues, profissional de relações públicas do grupo CPFL, nosso entrevistado em 26/10/2003.

afetado por uma seqüência particular de flagrantes em detrimento de infinitos outros possíveis? Além do necessário recorte na exposição sensorial ao espaço, cada nova mensagem será percebida segundo referenciais sintetizados de exegese disponíveis graças a uma trajetória social singular. Assim, mesmo que não houvesse dolosamente a intenção de "construir uma imagem" deformadora do real, a transparência é vencida pela refração.

Na mesma linha da imperatividade profissional de definir o espaço, comenta Cândida Larentis, para deleite do doutrinador: "Supor que os públicos já conhecem determinada informação é dar margem ao imprevisto. O óbvio muitas vezes não é óbvio"[86].

O imprevisto indesejado pelo RRPP é que os diversos públicos tenham da empresa uma representação inadequada, incorreta, incompatível com "a imagem que se procura construir". Isso pressupõe que haja da empresa uma representação correta. "Dar margem ao imprevisto" é permitir que concepções parciais, decorrentes de pontos de vista de observadores singulares, possam colocar em xeque aquela representação. Nem todos estão necessariamente a par da representação oficial, por isso "o óbvio muitas vezes não é óbvio". Toda distorção de imagem, portanto, é fruto da ignorância e deve ser combatida com clareza. O RRPP deve, assim, controlar os efeitos das mensagens que buscam definir a empresa controlando-as.

Advirta-se que a representação de um espaço social como a empresa não é uma construção discursiva completamente apartada da realidade. Pelo contrário, toda imposição de representação será tanto mais possível quanto mais ela estiver aparentemente adequada às condições objetivas de existência. Por exemplo, quando se constrói a masculinidade e impõem-se como características naturalmente masculinas tais e tais, parte-se de uma base objetiva incontestável: na Biologia existem dois sexos. Essa base objetiva confere materialidade a todas as construções que se fazem e que são de natureza social. O falo – ou sua ausência – é um atributo inquestionável. Contudo, o que esse atributo diz propriamente sobre masculinidade ou feminilidade? Pouca coisa... para não dizer nada! O fato de o homem ter falo e a mulher não, não o torna mais ou menos forte, viril, dotado para a pesca, para a política, para a filosofia ou para o automobilismo.

Essa adequação ao real, que garante eficácia na imposição desta ou daquela representação, não deve ser tomada como correspondência ou identidade. Essa eventual identidade entre o mundo real e

---

86. Cândida Larentis, profissional de relações públicas, nossa entrevistada em 20/10/2003.

o mundo representado eliminaria infinitas outras representações possíveis do mesmo real representado e descaracterizaria toda definição, categorização ou classificação como uma atividade social e, portanto, ideológica. Inseparável, portanto, a eventual transparência do trabalho do RRPP de uma denúncia ininterrupta das estratégias de luta no interior do espaço de suas atribuições.

Desta forma, assegurar a transparência seria desvendar interesses, estratégias, objetos de luta específicos de cada espaço e seus processos de socialização. Isso pressuporia identificar a origem ideologicamente interessada e a história da relação de forças próprias da instituição. Seria apontar os concorrentes e as estratégias de luta pela definição da "missão" legítima da empresa, seus objetivos, seus valores, sua "vocação natural". Se o RRPP é transparente no que concerne aos conflitos sociais, ele tem de ser opaco em relação à missão da empresa. Se ele é transparente quanto à missão da empresa, será necessariamente opaco em relação aos seus conflitos.

Garantir a transparência implicaria finalmente a identificação da luta pela definição politicamente interessada do espaço social do qual o próprio RRPP faz parte. Seria, portanto, denunciar o próprio cinismo – no caso de consciência de outras definições possíveis – ou a alienação – no caso de crença na imanência, isto é, na correspondência perfeita entre espaço e definição de espaço. Seria denunciar a conversão de uma concepção politicamente interessada em representação incontestável de toda a comunidade. Seria admitir a violência simbólica e a dominação dela decorrente como efeito central do próprio trabalho. Seria assumir sua condição de delator de si mesmo.

O discurso moral da transparência é, portanto, inseparável do espaço social da sua produção. A indiscutibilidade moral da "casa de vidro" tem como condição de possibilidade esse conjunto, relativamente específico de relações, que passamos a chamar de campo de RRPP.

B – Campo de RRPP: espaço social de produção do discurso ético

O espaço social no qual circulam os RRPP certamente apresenta singularidades. Mas também obedece a regras de funcionamento comuns a qualquer outro campo social. Reportemo-nos, sumariamente, a elas.

Os campos sociais são espaços de relações estruturados e relativamente autônomos[87]. Essa autonomia pressupõe singularidades e aspectos comuns a outros campos. O nível da estruturação interna de um campo qualquer é definidor do maior ou menor grau de sua dependência em relação aos demais.

Assim, nesses espaços de relações sociais constituem-se regras de ação que são em parte autônomas e em parte coincidentes com outros espaços. Por essas normas de conduta, define-se o dizível e o indizível, o adequado e o inadequado, o pertinente e o impertinente. Distingue-se, assim, o que é eticamente aceito e aplaudido da conduta moralmente condenável.

Da mesma forma, um campo será tanto mais autônomo quanto mais específicos forem os seus troféus, isto é, os objetos de luta social que lhe conferem uma estrutura. Assim, nem sempre as grandes conquistas internas a um campo são compreendidas como tais por agentes externos. O investimento que a obtenção de um título de mestre ou de doutor implica quase nunca é compreensível fora desse espaço específico de produção da ciência que constitui o campo universitário. Da mesma forma, a atribuição ou a identificação do valor social dos prêmios Aberje, Top of Mind, bem como os concedidos pelo Instituto Ethos e pelo jornal *Valor Econômico* implicam certo engajamento num espaço singular de relações e de disputas.

Finalmente, a maior ou menor autonomia do campo se objetiva na especificidade de suas instâncias de legitimação, isto é, posições sociais que quando ocupadas por este ou aquele agente lhe permitem o acúmulo de um capital específico. Ser docente de uma universidade prestigiosa, trabalhar como profissional de comunicação numa empresa conhecida e reconhecida ou em uma agência de destaque são condições objetivas de construção de um capital pessoal no campo respectivo de atuação.

Assiste-se, assim, a uma transferência do capital institucional acumulado por esta ou aquela instituição a um de seus representantes ou porta-vozes. Mais rara, mas não impossível, é a transferência em sentido oposto, isto é, do capital pessoal já acumulado pelo profissional em direção a uma instituição ainda em vias de estruturação. Esse capital pessoal quase sempre é conseqüência de uma traje-

---

87. Nesse sentido, o conceito de campo proposto por Pierre Bourdieu em sua obra sociológica não corresponde a qualquer universo social, mas apenas aos que apresentam certas características específicas.

tória de relações no campo cujo impulso inicial dependeu de uma adesão a outras instituições já consolidadas.

A especificidade das relações sociais e a existência de troféus almejados por todos permitem a comparação do funcionamento de um campo com um jogo. Assim, para que este seja jogado é fundamental que todos se submetam a certas regras e que todos admitam desde o início o valor indiscutível do prêmio a ser obtido. Todo jogo, portanto, exige uma espécie de engajamento psicológico revelador de um interesse e de uma disposição para investir. Acreditar que o jogo merece ser jogado é aceitar participar de um conjunto de interações específicas que implicam muitas vezes perdas temporárias, concessões e custos de ressarcimento incerto. Esse engajamento de ofício, também chamado *illusio*, implica a interiorização de regras de classificação do mundo social e do próprio espaço que dispensam, para o agir, como tudo que é *habitus*, a ponderação consciente, o cálculo custo-benefício.

Illusio de RRPP

O discurso sobre a transparência da empresa é uma forma de ilusão por duas razões. De um lado, pela crença na sua possibilidade. De outro, pela ignorância da sua origem, ou seja, pela crença no seu valor intrínseco. A *illusio* da possibilidade da garantia da livre circulação de informações é mais do que um discurso identitário e uma norma deontológica. É também condição e produto de uma adesão à *doxa* – conjunto de crenças fundamentais, de dogmas implícitos – do campo. Ela veicula seus valores, que determinam o importante, o que vale a pena, o verdadeiro objeto de luta. Define também critérios para distinguir o moralmente aceitável do inaceitável, o dizível do indizível, o factível do proibido. A *illusio* garante a reprodução do óbvio enquanto objetos dignos de luta e enquanto limites práticos – morais – para alcançá-los.

A *illusio* como adesão imediata à necessidade de um campo está abrigada da consciência porque é remotamente trazida à discussão: enquanto crença fundamental no valor dos objetos de disputa e nos pressupostos da própria discussão, a *illusio* é a condição indiscutível da discussão. Por isso, a *illusio* não é da ordem dos conceitos a serem explicados, das teses propostas e sustentadas. É da ordem da ação, da rotina, das coisas que se faz, que fazemos porque todos fazem e sempre foram feitas.

A *illusio* é a adesão ao jogo enquanto tal, é a razão – nunca cogitada – para levá-lo a sério. É a aceitação plena de seus pressupostos: suas regras e troféus, é a crença indiscutível – porque nunca discutida – em sua importância. Ela é, portanto, condição necessária do jogo. O RRPP, como qualquer agente de um campo específico, tem que compartilhar essa ilusão. A discussão sobre a importância do jogo, interna e externa ao campo, fragiliza suas estruturas e dificulta a identificação de suas fronteiras. Como observa Maria Aparecida Ferrari, "enquanto não pararmos de nos defender explicando a importância do nosso trabalho, não vamos parar de ser questionados"[88].

Assim, se, por um lado, ela é reforçada no interior do próprio campo[89], por outro, ela tem de ser anterior a ele, caso contrário a entrada no campo não despertaria desejo. Um jogo sem pretendentes. Sem algum tipo de convencimento prévio da importância do jogo não há por que jogá-lo. Até aqui não há qualquer problema. Basta saber se a *illusio* anterior à entrada do campo é a mesma da daqueles que já jogam o jogo. A motivação para jogar o jogo pode ser quantitativamente equivalente para quem ainda não joga e para quem já joga, porém pode ser qualitativamente distinta.

A aquisição e a reprodução de qualquer *illusio* se dão em relações sociais de naturezas diversas. O pertencimento ao seu campo específico correspondente indica intensificação quantitativa e determinação qualitativa dessas relações. Mas nenhum campo é uma ilha, um espaço idealmente isolado, um império dentro de um império. Por isso, o sacerdócio do jornalista, a missão do advogado, o ideal do político são objetos de discussão social fora de seus campos específicos.

De outra forma, seria impossível explicar as vocações prematuras, as opções profissionais de adolescência e as carreiras radicalmente excluídas. Uma *illusio* externa ao campo, própria ao senso comum, ao que todos pensam sobre as funções, motivações e ideais daquele profissional. Como observa Mário Sérgio das Graças, "eu fui estudar RRPP porque queria tornar as relações nas empresas mais humanas"[90].

---

88. Maria Aparecida Ferrari, profissional de relações públicas, professora da ECA-USP e diretora da faculdade de jornalismo e relações públicas da Universidade Metodista de São Paulo, nossa entrevistada em 20/10/2003.
89. Afinal, por meio da alteridade, há um processo de intensificação da interiorização do valor do campo pela socialização com outros de seus agentes.
90. Mário Sérgio das Graças, profissional de relações públicas, professor de ética da Faculdade Cásper Líbero, nosso entrevistado em 05/11/2003.

A distância que marca a *illusio* dos membros do campo e esta última *illusio* dos que a ele não pertencem indica seu nível de estruturação. Por este indicador podemos inferir o quanto o espaço social de produção das relações públicas é fluido em relação a espaços que lhe tangenciam, como os campos administrativos e de profissionais da mídia.

A *illusio* da transparência possível tem participação decisiva na economia dos investimentos sociais de um profissional de RRPP e nas suas expectativas, articulando de forma implícita suas "esperanças subjetivas" com as "chances objetivas" que oferece o universo social a que pertencem. Como observa Flávia Rejane Fávaro, "nós somos defensores da imagem da empresa e, por isso, temos um forte compromisso com a transparência. Devemos defendê-la sempre. Somente com a transparência, seja na comunicação interna ou externa, podemos construir uma imagem sólida"[91].

O verbo construir supõe, por parte de quem fala sobre a empresa definindo-a, uma atividade qualquer transformadora de uma matéria-prima flagrada. A transparência aqui, metáfora que não se refere simplesmente ao livre flagrante visual da realidade – como através de um vidro –, mas também à identidade entre o discurso sobre o real e o próprio real, desqualifica qualquer alteração ou transformação. Torna rigorosamente passiva a mediação e condena normativamente a ação e, portanto, a própria existência. Impossibilita a apreciação moral que a fundamenta.

Todo jogador, ao participar de um espaço de relações sociais constituído como campo, define-se e redefine-se a cada tomada de posição. São as suas múltiplas manifestações que – quando diretamente flagradas ou relatadas – constituem a matéria-prima para que se definam dele representações. Aparato expressivo que permite dar-nos a ver e a definir por quem nos observa.

Desta forma, toda prática se estrutura em função da posição do agente no campo e das expectativas dos demais agentes em relação ao seu ocupante. Essa mesma prática, por sua vez, estrutura o campo agindo sobre as representações que tem seu agente por objeto.

Por serem ininterruptas, as práticas sociais redefinem a cada instante essas representações. Seu caráter impermanente, no entanto, não implica uma mudança radical a cada ação. A existência social e

---

91. Flávia Rejane Fávaro, profissional de relações públicas, nossa entrevistada em 05/10/2003.

o funcionamento dos espaços exigem que possamos identificar seus agentes, outorgar-lhes atributos definidores, assegurar-lhes uma diferença específica e traços distintivos para identificação. Em suma, conferir-lhes um papel social.

Os jogos sociais são processos estruturados de relação que não se deixam flagrar como jogos. A importância de participar não é calculada, mas implícita, considerada óbvia. Essa evidência decorre de uma certa atribuição de valor a este ou aquele objeto de luta definida em processos de socialização e decorrentes do pertencimento ao campo.

Em outras palavras, atribuir um certo valor a um troféu é condição de pertencimento a um campo e condição de participação no jogo, no seu jogo. O troféu é considerado objeto de valor porque é socialmente definido como troféu no interior do campo. Em outras palavras, para um agente recém-integrado, o objeto de luta deve ter valor porque é tido como troféu por todos os membros do campo e não o contrário.

Nem todo espaço social é um campo. O campo exige um certo grau de estruturação interna que lhe confere alguma autonomia relativa em relação a qualquer outro espaço social. Assim, a atividade de relações públicas, embora apresente alguma especificidade, encontra-se diluída em vários outros campos sociais respeitando regras diferentes, disputando prêmios distintos e trazendo para seus agentes capitais sociais e legitimidades de naturezas muito diversas. Os profissionais de relações públicas pertencem a um campo social fracamente estruturado.

Assim, a fragilidade identitária do RRPP é menos uma questão de indiscriminação prática ou doutrinária e mais a falta de uma identificação social em meio a comunicadores, gestores, administradores e ativistas de todo gênero. A dificuldade de autonomização do campo de RRPP também se deve à participação decisiva de seus agentes, por meio de suas ações específicas, na definição de estratégias próprias a outros campos. Falta-lhes autonomia: troféus próprios, regras próprias de funcionamento e, sobretudo, uma representação de si que discrepe com maior nitidez da de outros profissionais.

A ação de um RRPP apresenta um enquadramento social que obedece a regras de campos empresariais, campos da mídia e até mesmo outros campos sociais que se relacionam especificamente com a organização em que trabalham. Nesse sentido, o RRPP ainda não sabe se busca destaque empresarial, alcança legitimidade como assessor de imprensa – destacando-se, na medida do possível, no campo jornalístico – ou se apresenta como benemérito protetor dos chamados *stakeholders*. A precária estruturação do espaço social em que age dificulta a definição comum de um discurso identitário.

Essa fragilidade identitária não implica que as múltiplas atividades específicas de um RRPP decorram de alguns interesses comuns, algumas regras comuns a respeitar e alguns mecanismos reconhecidos por todos como consagradores. O discurso dos profissionais de RRPP mostra que, quando incitados a manifestar-se livremente sobre a singularidade das suas atividades, não apontem espontaneamente para o lucro, a saúde financeira de suas empresas ou ao seu estrito sucesso concorrencial.

Existe, portanto, entre os profissionais de RRPP, um procedimento autorizado, um engajamento irrefletido e não calculado em torno de valores. Assim, a transparência e a livre circulação de informações são exemplos de valores produzidos, consagrados e ensinados neste espaço social. Nele se dá a interiorização junto a seus agentes, de forma que se tornem indiscutíveis, como se fossem eternos, naturais, inerentes ao próprio RRPP.

Referencialidade e fetichismo em RRPP

As tomadas de posição num campo específico são reflexivas, isto é, dependem das tomadas de posição de outros agentes no interior do espaço. Assim, essas tomadas de posição, quando observadas, isto é, flagradas direta e pessoalmente, convertem-se em informações, referenciais, a partir dos quais outros agentes também se manifestam. No entanto, a complexidade dos campos sociais impede que seus agentes flagrem, a cada instante, pessoalmente, todas as manifestações dos agentes de seus campos.

A participação no campo exige que se saiba o que está acontecendo – como os demais agentes estão se posicionando – sem que se esteja necessariamente presente. Desta forma, o funcionamento de qualquer campo depende de relatos das manifestações de seus agentes. Esses relatos objetivam posições sociais e permitem a definição de estratégias e de outras tomadas de posição. São definidores das ações e das relações que caracterizam o espaço. Tornam visíveis a este ou àquele observador posições cujas manifestações não foram necessariamente observadas.

As múltiplas ações que tornam visível aos participantes o espaço do jogo obedecem ao que os filósofos clássicos chamariam de "princípio da razão suficiente". Desta forma, todo agente social, ao agir, respeita uma certa lógica. Isto é, há sempre um complexo de causas materiais que lhes faculta a adoção desta ou daquela estratégia. Isto não significa, no entanto, que esses agentes sejam necessariamente racionais, ou seja, operem para cada instante de sua existência um cálculo racional de custos e benefícios.

Estabelece-se, assim, uma relação encantada com um jogo ainda incipiente, que é um produto de uma relação de cumplicidade ontológica entre a estrutura de um espaço de relações – de relações públicas – e estruturas mentais, isto é, esquemas de classificação de mundo que permitem uma atribuição de sentido e valor sem cálculo, sem ponderação. Existem, assim, implícitos práticos, próprios ao RRPP, decorrentes de uma socialização específica nesse universo singular de posições, que consideramos um campo fracamente estruturado. Dentre esses esquemas interiorizados de atribuição de sentido e valor ao mundo social, destacamos o discurso da responsabilidade social.

A doutrina de RRPP não faz alusão a uma prática profissional que seja determinada por uma trajetória socializadora. A ação do RRPP, para seus teóricos, decorre de uma deliberação ponderada, de um cálculo, de uma equação entre meios x fins, em suma, de uma escolha explícita. Desta forma, pressupõem-se todos os postulados da Teoria da Escolha Racional. O exame desses postulados, no entanto, denuncia algumas contradições.

Todo fenômeno social é o produto de ações, de decisões, de atitudes, de comportamentos, de crenças individuais, etc. Os indivíduos são os únicos substratos possíveis da ação. Assim, como ensina Margarida Kunsch, "pode-se dizer que a ética organizacional representa a confluência de uma mobilização de cidadania e de uma opção de consciência individual"[92]. Nesse sentido, espaços sociais, organizações não pensam, não têm vontade, não têm moral, não agem.

Assim, o discurso do RRPP revela sua ação reificadora, de conversão de um espaço de encontro de infinitas potências em uma só coisa, uma só vontade, um só interesse, um só ideal. É um aparato legitimador do fetiche. Uma das características do discurso identitário da empresa proposto pelo RRPP é a personalização do espaço. Um espaço de relações que ganha corpo, uma vontade própria, "uma filosofia e padrões gerais de comportamento" (Código de Ética do Conrerp). Como destaca Enriquez, "a instituição se apresenta, portanto, ao

---

[92]. Kunsch, M. *Planejamento de relações públicas*. São Paulo, Summus, 2003, p. 5.

mesmo tempo, como um objeto-fetiche tomado num movimento de autonomização, criado por – e criando – ideologias, que permite as orientações normativas, é o lugar onde o poder se exercita, e tem como função assegurar uma regulação e um consenso social"[93].

A reificação deixa claro o quanto não há discurso moral sem espaço social de produção e o quanto o discurso moral revela o espaço social de produção que lhe dá origem. Por isso, concluímos que o discurso da transparência e da livre circulação de informações estrutura e é estruturado pelo incipiente campo de RRPP. Discrimina a conduta moral, o discurso legítimo e o agente virtuoso, da conduta imoral, do discurso ilegítimo e do agente viciado. Nasce nas relações do campo e estabelece suas fronteiras e classificações internas.

Regra moral – imperativa – que dispõe o universalmente irrealizável tornando-se, por isso, universalmente indiscutível.

---

[93]. Enriquez, E. *A organização em análise*. Petrópolis, Vozes, 1997, p. 77.

2
O *eu* em locução

A voz participa da comunicação entre o mundo e a consciência. Naturalmente, há formas de manifestação subjetiva, reveladoras de um estado do espírito, que não requerem o uso da voz. Olhares, gestos, desenhos, pinturas, esculturas, composições musicais são exemplos de manifestações que se objetivam sem o seu emprego. A voz é imprescindível para os enunciados verbais. Os discursos, não escritos mas falados, requerem orquestração fonética. Já as atividades de consciência não manifestas constituem comunicação intrapessoal e dispensam a oralidade. A voz interior não nos interessa. A voz que pode ser percebida pelo outro possibilita a comunicação da consciência com o mundo que lhe é exterior. Faculta, a qualquer interlocutor, a exposição auditiva ao discurso. Faz deste último um fenômeno.

A voz tem a mesma origem – social – da palavra que objetiva. Enquanto signo privilegiado, a palavra só pode integrar um enunciado num momento discursivo porque foi anteriormente percebida. A consciência vocabular – como qualquer outra forma de representação do mundo – é constituída ao longo de experiências, de encontros. Encontros no mundo. Encontros com pessoas. Com um mundo social. Esses encontros são condição de relações intersubjetivas, socializadoras, e fornecedoras de matéria-prima semiótica para o trabalho do espírito.

Esses encontros – que seriam outros, fosse outra a existência e a trajetória no mundo – convertem seus protagonistas em receptores de mensagens – que também seriam outras, fossem outros os encontros. Essas mensagens são constituídas por determinadas palavras – que poderiam também ser outras e que passam a integrar um repertório simbólico. Daí a capacidade, socialmente orquestrada, para representar o mundo. Dependente da singularidade dos encontros, dos interlocutores, dos instantes e locais de interlocução.

Todo discurso é um fluxo em circulação numa teia de relações sociais em que enunciadores e enunciatários se sucedem. Nunca há, nessa sucessão, simples reprodução. O sujeito não reflete puramente o mundo social em que está inscrito. Nem o que é dito nele. A cada construção de um novo enunciado, rearticula-se – de forma inédita – um material semiótico. A enunciação, como qualquer ato, é singular. Quer pelo sujeito que enuncia – que é único – quer pelo instante da enunciação – que é irrepetível. Assim, outro enunciador faria diferente. E também distintamente enunciaria o próprio sujeito, em qualquer outro instante. Afinal, seria outro presente. Outro mundo. Absolutamente inédito em relação ao anterior. Que não é mais. A não ser transformado, nesse outro presente, por esse outro sujeito. Que, portanto nunca mantém, nunca reproduz, nunca reflete – no seu sentido ótico. Mas transforma, recria, refrata[94].

Um presente sempre outro, absolutamente outro. A cada instante. Mas carregado de memória. Memória presente do passado[95]. Passado reconstruído, convertido em memória. Reconstrução do passado, pelo sujeito, no presente. É no presente que se produz o passado. É no presente que se produz tudo. E como tudo é presente, presente é causa de si. Não pode ser causado, ou determinado, por nada além dele próprio. Por isso imprevisível. Por isso inédito, irrepetível.

Desta forma, o passado não age sobre o presente, como se imagina. Porque não há ação no passado. Porque não há nada no passado. Porque o passado não é. Só é enquanto presente, porque só o presente é. O passado não convertido em memória não é. Não é mais. Assim, a refração – que nunca conserva – pressupõe um objeto a refratar, uma matéria-prima presente sobre a qual agir. Signos enunciados e recebidos no passado, reconstruídos em ato, no presente. Atualizados. Refração é atualização criativa. Uma potência atualizada, que ganha forma, no instante. Enunciar um discurso é sempre atualizar uma potência discursiva. Dar uma forma, em detrimento de outras possíveis.

---

94. Sobre o conceito de refração, ler Bakhtin, M. *Marxismo e filosofia da linguagem*. São Paulo, Hucitec, 2003.
95. Sobre essa concepção de memória, ler Bergson, H. *Matière e mémoire*. 6. ed. Paris, PUF, 1999.

Para isso, a voz. Potência fonética atualizada. Comumente estudada em cursos de fonoaudiologia, está institucionalmente vinculada, enquanto objeto de pesquisa, à biologia. Imputa-se, no senso comum, qualquer manifestação vocal a causas de ordem orgânica[96]. Esta tendência se acentua em situações patológicas, quando a manifestação vocal observada é entendida como desviante. A tese do determinismo biológico ganha força com o argumento de que o emprego desta ou daquela qualidade vocal não é produto de uma orquestração consciente, de uma decisão ponderada, racional, mas é fruto de uma prática que se impõe ao *cogito* e relativamente estável.

Um dos principais obstáculos para o conhecimento dos fatos sociais é o naturalismo. Conjunto de teorias que consiste em considerar manifestações culturalmente definidas como fenômenos "naturais". Explicam-se, assim, as práticas e os comportamentos humanos invocando sistematicamente uma natureza humana com propriedades – físicas, intelectuais e afetivas – imutáveis e universais. Essas propriedades estariam invariavelmente presentes em todos os indivíduos da espécie humana. As variações dessas propriedades – como as variações de voz, e suas anomalias – também só são explicáveis biologicamente. Um ótimo exemplo dessa tendência naturalista é a diferença sexual entre homem e mulher em relação à construção social da masculinidade e feminilidade[97]. Nesta tendência também está inscrita grande parte da doutrina sobre o uso da voz.

Não havendo, no cotidiano, por parte de quem fala, deliberação consciente para o emprego da voz, a busca de suas causas encontrou porto seguro na hereditariedade, nas conformações topológicas do aparelho fonador e nas características anatomofisiológicas deste aparelho. Sempre pareceu mais observável, estudável e comprovável do ponto de vista científico a incidência desse tipo de variável como causa eficiente desta ou daquela manifestação vocal. Com isso, ao longo da produção científica em fonoaudiologia, ficou relegado ao quase esquecimento a voz como aprendizado, como

---

96. Até autores insuspeitos de ingenuidade naturalista, denunciadores da origem social, intersubjetiva, dos sentidos e valores, consideram a manifestação vocal "puramente fisiológica". "Em um determinado momento o locutor é incontestavelmente o único dono da palavra, que é então uma propriedade inalienável. É o instante do *ato fisiológico* de materialização da palavra [...] puramente fisiológico" (Bakhtin, M. *Marxismo e filosofia da linguagem*. São Paulo, Hucitec, 2003, p. 113).
97. Sobre este tema, ler Mead, M. *Moeurs et sexualité en Océanie*. Paris, Terres Humaines, 1963. – Ver também Bourdieu, P. *La domination masculine*. Paris, Seuil, 1998.

produto de socialização. Praticamente inexistem as análises sobre o uso social da voz.

Essa tendência encontra explicação na análise – propriamente sociológica – das relações que constituem o campo social dos fonoaudiólogos[98]. A aproximação – de objetos e métodos de pesquisa – das chamadas ciências duras confere ao fonoaudiólogo, ainda em busca de singularidade identitária, uma legitimidade que a "culturalização" da sua produção científica seguramente não conferiria. Desta forma, o recurso freqüente ao jargão médico (tratamento, paciente, internação, diagnóstico), a uma indumentária imaculada e alva, a uma categorização do saber entre as áreas ditas biológicas, a incidência das mesmas nas disciplinas de seus cursos, a proximidade física com os alunos dessas áreas nas universidades e dos livros nas bibliotecas são alguns recursos simbólicos que dão visibilidade a essa estratégia de autodefinição profissional e de adequação ao estereótipo do cientista.

Tudo contribui para uma ilusão. Ilusão que confunde uma simples condição – orgânica – de emissão de sons com a integralidade das causas que agem sobre o fenômeno. Limitar a fonoaudiologia aos órgãos de produção de sons é participar estrategicamente, com maior ou menor consciência, da luta social pela definição do saber legítimo sobre ela. Ilusão decorrente de uma forma de dominação que, como toda dominação simbólica, será tanto mais eficaz quanto menos percebida como tal. Ilusão que faz do próprio objeto de investigação uma premissa indiscutível. Por dominantes e dominados. Sem cínicos, nem ingênuos. Ideologia compartilhada. Biologismo presumido.

Assim, as teses alternam entre a exaltação das causas orgânicas e as "impostações" deliberadamente decididas como recurso persuasivo. A manifestação vocal seria determinada ora por um atributo do aparelho fonador, ora por uma decisão de vontade. Essa decisão, por sua vez, seria tomada em função, de um lado, das condições objetivas da manifestação (local, distância do interlocutor, sua posição social, situação da interlocução) e, de outro, dos fins, dos objetivos que o enunciador busca alcançar por meio do discurso.

No entanto, além do esporádico cálculo consciente – locutor profissional – e das causas biológicas, o uso da voz advém de um apren-

---

98. Os campos são espaços sociais estruturados de posições sociais. Sobre suas propriedades genéricas, ler Bourdieu, P. Quelques propriétés des champs. *In: Questions de sociologie*. Paris, Minuit, 1982, p. 113.

dizado. Por mais espontâneo que pareça, esse uso exige adequação às situações de existência social. Desta forma, a voz é regulada pela sociedade. É objeto de socialização. Em outras palavras, o uso da voz produz efeito, afeta as relações. Pode, em caso de inadequação, produzir dano. Há, portanto, normas sociais que condicionam seu uso. Normas que compreendem sanção, se infringidas. Normas que autorizam coação.

Dado que a infração decorrente de um uso inadequado da voz produz danos tidos, quase sempre, por irrelevantes pelo mundo jurídico, cabe a pergunta: qual a natureza da sanção – autorizada pela infração – da norma que regula este uso? O tipo de punição para quem infringe uma norma fonética é, na grande maioria das vezes, social. Um olhar de repreensão. Uma desaprovação verbal. Ou até um simples "psiu!", acompanhado de um dedo indicador verticalmente colado aos lábios. O uso da voz é, no mais das vezes, questão de polidez – ginástica da expressão[99] – simulacro de virtude, ou talvez condição para encontrá-la. Difícil identificar virtude em alguém que vocifera.

Ao entrar numa igreja, num velório ou numa biblioteca, as pessoas que se submeteram a determinado aprendizado social tendem a usar a voz de uma forma determinada sem necessidade de deliberação consciente (cálculo) sobre este uso. A não-observação desta regra social, que já deveria ter sido objeto de interiorização, costuma ensejar punição social sob forma de advertência. O uso inadequado da voz, mesmo não tendo sido objeto de uma deliberação consciente e, portanto, dolosa, configura-se em transgressão de norma social.

Dito isto, fica evidente que a natureza dessa espécie de sanção não pode ser moral. A moral é um dever ser que imputamos a nós mesmos. É um imperativo. Mas colocado a nós mesmos, por nós mesmos. Nunca pelo outro. Portanto, para que um ato seja objeto da moral, é necessário ser livre. Em relação ao outro, ao menos. No caso de um possível uso inadequado da voz, há um constrangimento que vai além da própria consciência. Há o medo de uma punição social. De um provável isolamento. Não fofocamos alto, pois tememos retaliações, se escutados por bisbilhoteiros. Somos, neste caso, constrangidos pelo outro.

---

99. Alain. *Quatre-vingt-un chapitres sur l'esprit et les passions*. Paris, Bibliothèque de la Pléiade, "Les passions de la sagesse", p. 1243.

O que exclui um possível julgamento moral. Está fora de seu campo. Esse que não pode ser o da comunicação intersubjetiva. Afinal, esta sempre pressupõe o outro. E todas as pequenas punições que este pode nos impor. A moral, assim, só pode estar no campo da comunicação intra-subjetiva. A esta, o outro não tem acesso. Não pode nos punir. Só a nossa consciência pode. Só ela para nos constranger. Talvez, torturar. Mas nunca o outro. Aqui, somos heterônomos. Não somos subjugados por ninguém. A não ser por nós mesmos. Mas somos o resultado de nossos encontros com o mundo, com o outro... a consciência vem de fora...

O uso da voz obedece a um processo de socialização, isto é, a mecanismos de transmissão de valores e de normas necessárias à integração dos indivíduos, para que possam ocupar posições em seus universos sociais. O uso adequado da voz, em função do espaço, posição e situação social do agente, "faculta o desenvolvimento de uma consciência coletiva"[100] e permite "às formas sociais se manter"[101].

Mas por que o uso vocal é invariavelmente entendido como espontâneo, apenas determinado por uma topografia orgânica? Por que a voz não é, no entendimento comum dos incautos, um objeto de modulação cultural? Por que se ignora – ou pelo menos não se considera – a voz como condição de pertencimento social, de civilidade? Por que o diagnóstico de eventuais anomalias exclui de ofício encontros infelizes e já vividos com o mundo social? Como explicar a dificuldade em identificar a construção social da voz?

Impossível estudá-la sem considerar um campo social de produção de manifestações vocais e de definição de suas normas (I). Normas respeitadas com tal freqüência que acabam – em quase todas as situações de fala – dispensando cogitação. Normas respeitadas mas esquecidas, enquanto normas. Normas transmitidas. Normas incorporadas, não inatas que constituem um verdadeiro *habitus* vocal (II).

I – Voz e campo social

Propomos, de um lado, que qualquer reflexão sobre voz é indissociável do espaço social – em que é forjada, ao longo de uma história – que abriga as relações sociais objetivadas em manifestações vo-

---

100. Durkheim, E. *De la division du travail social.* Paris, PUF, 1986, p. 46.
101. Simmel, G. *Sociologie et épistémologie.* Paris, PUF, 1991.

cais (A). De outro, que a voz definida nesse espaço não é instrumento ou veículo, mas integra a mensagem, participa do seu sentido (B).

A – Espaço de manifestação vocal

A manifestação vocal não é uma produção puramente individual. Toda emissão vocal objetiva uma tomada de posição num espaço específico de relações. A noção de campo existe para designar esse espaço, que guarda em relação a outros uma autonomia relativa. Dotado de regras próprias e troféus específicos, todo campo guarda com o todo social pontos de interdependência. Assim, os campos jurídico, político, jornalístico, literário, publicitário e outros.

Os campos sociais, portanto, devem ser entendidos como conjunto organizado, em que as posições se definem umas em relação às outras. Essa interdependência de posições e distâncias entre as posições nos autoriza a pensar um espaço social segundo uma lógica sistêmica. São espaços de um jogo específico cujas características só são plenamente compreendidas pelos seus jogadores. Mas que também se inscrevem num espaço social maior, num campo dos campos. O uso legítimo – socialmente autorizado – da voz também é, em parte, definido singularmente em cada campo e, em parte, apreendido em qualquer outro tipo de relação social. Assim, podemos tanto falar de um uso vocal socializado na família[102] quanto definido – ou imposto – por uma classe social, com um jeito aristocrático, burguês ou operário de falar. Desta forma, enquanto sistema de posições sociais definidas reflexivamente, todo espaço social pressupõe posições complementares: comandantes e comandados, vedetes e obscuros, vencedores e derrotados, ricos e pobres, etc.

Essas oposições consagradas terminam por aparecer inscritas na natureza das coisas. No entanto, qualquer exame crítico, ainda que superficial, sobretudo se armado com o conceito de campo, nos leva a descobrir que, com muita frequência, cada uma das oposições e tomadas de posições – muitas vezes objetivadas pelo uso da voz – não

---

[102]. A socialização da voz em família não significa um processo menos estruturado por posições sociais reflexivamente consideradas. Como observa Bourdieu, "a família, se ela deve, para existir e subsistir, funcionar como corpo, tende sempre a funcionar como um campo, com suas relações de força física, econômica e sobretudo simbólica – ligadas, por exemplo, ao volume e à estrutura dos capitais possuídos pelos seus diferentes membros, suas lutas pela conservação ou pela transformação dessas relações de forças [...]" (Bourdieu, P. A propos de la famille comme catégorie réalisée. In: Actes de la recherche en sciences sociales, n. 100, 1999, p. 34).

tem conteúdo algum fora da relação com a posição antagônica, em relação a ela. Em muitos casos, toda interpretação de um certo uso da voz só representa a inversão racionalizada de outro uso.

É esse sistema de posições e distâncias sociais que define qualquer manifestação, inclusive as que implicam o uso da voz. Essa manifestação é sempre um compromisso, um ajuste entre um interesse em manifestar e uma censura constituída pela estrutura do campo. Esse ajuste é um trabalho de eufemização, podendo levar ao silêncio – não voz –, limite da censura. Respeita-se um equilíbrio entre como se pretendia dizer e como se poderia dizer. Esse equilíbrio também vigora em relação ao que se diz, ao que se faz, ao que se insinua gestualmente num espaço social estruturado de relações.

Isto significa que a compreensão do uso vocal de um agente engajado num campo – um economista, escritor, profissional da política – depende da identificação da posição que ele ocupa neste campo, do lugar de onde ele fala. "Essa identificação supõe que tenhamos feito previamente o trabalho necessário de reconstrução das relações objetivas que são constitutivas da estrutura do campo em questão – em vez de considerar apenas o lugar que ocupa no espaço social global"[103].

Assim, isolar uma manifestação vocal da situação de sua produção, do espaço social e das posições sociais em relação às quais se manifesta é não ter entendido nada sobre a voz em vida, em funcionamento, em dinâmica. Esse ponto de vista relacional permite corrigir equívocos nominalistas que fazem crer na existência de uma posição social (um papel, um posto, uma função, um cargo, um emprego de voz, etc.) por ela mesma, independentemente das posições que lhe são complementares e que definem reflexivamente seus limites no espaço.

Esse nominalismo essencialista também cristaliza as posições sociais, as tomadas de posição e seus sinais externos. Toda voz só será de comando ante outras de subalternos. São absurdos os critérios objetivos que permitam imaginá-la em si mesma. O discurso do diretor, do general, do chefe de obra ou do editor numa redação em sua objetivação vocal está submetido à sempre dinâmica relação de forças e à permanente redistribuição de capital em circulação no espaço social em questão.

---

103. Bourdieu, P. *Les usages sociaux de la science: pour une sociologie critique du champ scientifique*. Paris, Inra, 1997, p. 17.

A distância em metros afeta de certa forma o uso da voz. Inútil e inadequado gritar para alguém posicionado imediatamente ao lado e necessário para fazer-se ouvir por alguém mais distante. A distância social, que também determina o emprego vocal, não se confunde com a anterior. A proximidade física pode vir acompanhada de um abismo social. Desta forma, o uso da voz se ajusta por *habitus* às distâncias entre os interlocutores, mas também ao sentido que se pretende atribuir à enunciação. Afinal, a voz não é mero instrumento que empacota formalmente um enunciado. Voz não é veículo porque é mensagem, é parte integrante da manifestação verbal.

B – Voz e sentido

Voz é enunciado porque permite, por parte do interlocutor, certa atribuição de sentido. O receptor a enquadra em um repertório de vozes, isto é, classifica e categoriza uma determinada voz em um repertório vocal aprendido e incorporado ao longo de uma trajetória singular de percepções vocais. Este repertório permite, por contraste, que a voz participe da atribuição de sentido.

Por que "por contraste"? A voz percebida no instante é contrastada com um conjunto de referenciais vocais disponibilizados no momento da percepção. Deste contraste decorre a aproximação semântica do que foi ouvido em relação a este ou aquele referencial, já significado. Inversamente, dá-se um distanciamento da voz percebida com outros referenciais igualmente significados. Decorre deste trabalho lógico de significação a atribuição de sentido a qualquer mensagem ouvida. Fica claro que a voz compõe com o que é dito uma unidade de mensagem que, enquanto tal, permite a um receptor a atribuição de certo sentido. O melhor exemplo dessa interdependência semântica é a voz que nega – por ironia – uma afirmação qualquer.

Esta unidade de sentido – *o que* é dito e *como* é dito – também é indissociável de um terceiro elemento: o enunciador, *quem* diz. Certas palavras, ditas por alguém, por meio de uma manifestação vocal específica, constituem, ante um receptor, um fenômeno, uma mensagem percebida. Associa-se ao que é dito e como é dito, mais do que uma simples pessoa, circunstancialmente com a palavra, a posição social por ela ocupada. Vozes associadas a porta-vozes e, conseqüentemente, à posição social que ocupam.

Identificada a posição social ocupada por um determinado enunciador, é legítima a expectativa de um certo emprego vocal. O contrário também se verifica: dedução da posição social do porta-voz a partir da voz percebida. Isso só é possível porque qualquer tomada de posição, observável porque objetivada em manifestações diversas, define distâncias entre as posições sociais que estruturam este ou aquele espaço social.

Desta forma, essas manifestações, quando determinadas por certo emprego vocal, indicam, num universo social específico, aproximações ou distanciamentos, semelhanças ou diferenças, posições que se deslocam redefinindo-o e atualizando-o. Sendo assim, a transgressão vocal nunca é universal. Postulam-se, nas relações específicas a cada universo social, os limites autorizados do uso da voz. O que é inaceitável num determinado espaço de relações, pode ser entendido por absolutamente normal em outro.

Além desta singularidade de cada campo, os agentes sociais não estão, dentro de um mesmo espaço de relações, igualmente autorizados a servir-se de seus recursos vocais. A legitimidade do porta-voz pode autorizá-lo a uma empostação herética, transgressora, certamente punida em outro enunciador. Assim, uma *prise de parole* de um certo agente num espaço social de relações, objetiva-se num certo uso vocal, socialmente discriminante e discriminado, que indica e é autorizado pela posição social que ocupa.

Desta forma, o mesmo grito pode ser mandamento eficaz ou traço de histeria. Desabafos uivados podem produzir efeitos de múltiplas naturezas. Depende do emissor. Da posição que ocupa. Do capital social que disponibiliza e que lhe foi conferido em suas relações. A legitimidade para o destempero vocal – a autorização para o berro –, como tudo que decorre de um capital social, é desigualmente distribuída entre os agentes de um campo. Sempre conferida a alguns poucos, em detrimento de uma grande maioria escalada para ouvi-los. Assim, o uso autorizado da voz reproduz e objetiva uma certa relação de forças, uma certa distribuição de poder. Confere legitimidade às relações de dominação e à sociedade certa inércia de poder.

Esta tendência inercial, que assegura alguma "ordem social" pela estabilidade relativa das relações nos distintos campos sociais e entre eles, se deve à freqüente incompatibilidade entre o interesse subversivo de um agente dominado no campo e as condições materiais de subversão. Assim, a situação de dominado que, de um lado, enseja a adoção de uma estratégia subversiva, desautoriza o agente, retirando-lhe a prerrogativa de porta-voz legítimo, isto é, socialmente apto a manifestar-se[104]. Inversamente, essa posição de porta-voz autorizado, que pressupõe importante capital social específico, é incompatível com um eventual interesse subversivo.

Neste caso, toda proposta de mudança aparente, como eventuais gestos de desprendimento e uso desregrado da voz por parte de um dominante, visa assegurar ou reforçar sua posição de dominação. Essa tendência inercial, garantida por mecanismos de reprodução da distribuição dos capitais sociais, será tanto menos questionada quanto mais naturais parecerem as posições e as distâncias sociais, dominantes e dominadas, que estruturam o espaço. Assim, além das estruturas objetivas do campo e lutas que têm por objeto essas estruturas, processos de socialização/subjetivação – próprios a cada campo – fazem surgir nos agentes, pela observação de ações e valorações que se repetem, disposições a agir desta ou daquela forma – *habitus* –, sem que a discussão das causas últimas das regras de funcionamento do campo seja cogitável.

São maneiras de ser – e de falar – aparentemente permanentes, mas certamente duráveis, adquiridas e incorporadas ao longo de toda a trajetória social e que podem se ajustar, com maior ou menor precisão, às exigências de um universo específico. A aquisição alhures de *habitus* incompatíveis com esse universo condena o agente a estar sempre defasado, mal colocado, deslocado, mal na sua pele. Ante a incapacidade de identificar a causa social do desajuste, costuma-se associá-lo a incompatibilidades de essência: "Definitivamente, isto não é para mim".

Habitus incompatíveis com exigências de um campo determinado desautorizam um enunciador potencial a manifestar-se. Desta forma, a legitimidade para falar de uma certa maneira é reconhecida pelo universo social específico em que se manifesta. Em cada universo social adquire-se, nas suas relações, não somente uma forma autorizada de falar, de usar a voz, mas também um saber prático incorporado, um *habitus* de locução.

II – *Habitus* vocal

Destacamos até aqui a aptidão dos agentes para se orientar "espontaneamente" num determinado espaço social e a manifestar-se,

---

104. Assim, frases como "quem ele pensa que é para...", "ele não é ninguém para...", "ele tá se achando..." revelam essa desautorização.

de maneira mais ou menos adaptada, aos acontecimentos e situações nele inscritos. Isto é possível porque todo campo exerce sobre seus membros uma ação pedagógica multiforme, fazendo-lhes adquirir saberes práticos indispensáveis a um pertencimento ajustado e a um domínio das lógicas de posicionamento reflexivo.

Todo *habitus* – e o *habitus* vocal não se discrimina – é um tipo de saber prático, ou seja, de conhecimento voltado para a ação, para a *práxis*, para o uso efetivo da voz. Assim, dada certa situação social concreta, em que o uso da voz é exigido, esta *práxis* pode ser precedida de cálculo, de reflexão consciente com base em efeitos presumidos e fins a alcançar. Numa entrevista de emprego é, quase sempre, recomendável falar com firmeza para demonstrar segurança. Nem sempre, no entanto, esse cálculo é necessário. A observação repetida de situações dessa natureza, constatadas como análogas, pode produzir no agente social uma reação – de manifestação vocal – espontânea, não refletida. Em suma, nem sempre esse saber prático vocal é conscientemente apreendido e aplicado. Isso porque a observação de uma seqüência de ação gera, espontaneamente, expectativa desta seqüência.

Contrariamente, deficiências de socialização, objetivadas num aprendizado imperfeito do uso socialmente autorizado e esperado da voz nesta ou naquela situação de fala, acarretam a formação de um *habitus* vocal incompetente para oferecer ao orador soluções prontas de modulação vocal às múltiplas situações de *práxis* discursiva que a ele se apresentarem. Fica claro que o uso indevido da voz não indica um problema moral, mas pedagógico, isto é, de socialização, de aprendizado de regras sociais.

Como observa Deleuze, "a imaginação contrai os casos, os elementos, os instantes homogêneos e os funde numa impressão qualitativa interna de um certo peso"[105]. Assim, a inculcação consiste em suscitar em um agente determinado, dadas certas condições objetivas, uma disposição geral e fundamental de reproduzir certo tipo de prática. Toda ação pedagógica da socialização – como o aprendizado social do uso da voz – visa a inculcar, o mais profundo e duravelmente possível, por meio de comportamentos empíricos precisos, singulares, uma atitude, isto é, um certo tipo de relação global com o outro que, uma vez interiorizada, vai suscitar – toda vez que determinadas condições objetivas se apresentarem – um certo tipo de comportamento.

---

105. Deleuze, G. *Différence et répétition*. Paris, PUF, 1968, p. 96.

Como se dá este aprendizado e por que ele gera comportamento vocal dispensando cálculo? Dada determinada situação social, isto é, uma vez inserido o agente vocal em uma relação social singular, o emprego da voz se fará "automaticamente". A variável social observada induz este ou aquele uso da voz sem que este nexo de causalidade seja conscientemente percorrido pelo locutor. O respeito às regras sociais de emissão vocal dispensa a análise dos efeitos eventuais de outras emissões possíveis. Assim, a norma social hipotética – se A (situação) é, B (manifestação vocal) deve ser (pode não ser) – é respeitada sem ponderação sobre a hipótese. A automatização do respeito pelo hábito converte a norma moral em norma física: se A (situação) é, B (manifestação vocal) também é (só pode ser).

Como se produz este efeito? Destacamos, num primeiro momento, a voz – associada em seqüência a outros elementos de interlocução (A) e, na seqüência, o uso da voz como síntese passiva socialmente produzida (B).

A – Voz: seqüência associativa

Qualquer ação, como tudo o que é observável, isto é, perceptível pelos sentidos (fenômenos), conserva em relação a uma outra ação, dentro do paradigma empirista em que nos encontramos, rigorosa independência. Isso porque nenhuma operação hermenêutica (nexo axiológico, aproximação, distanciamento, oposição, etc.) pode condicionar a existência de um fenômeno a outro. A própria causalidade, despida de qualquer vínculo ontológico, se resume ao hábito da ocorrência de uma seqüência, permanentemente refutável.

Tal saber prático não se restringe à voz, mas estende-se a outros tipos de manifestação. Tipificamos as seqüências gestuais de um cumprimento entre jovens, com dois beijos antecedidos por um duplo meneio de tronco em repetições AA, AA, AA, AA... Como já destacamos, cada unidade de qualquer seqüência é independente das demais. Isso porque um ou outro beijo, individualmente considerado, não pode mudar em nada "o estado de coisas AA"[106].

No entanto, uma mudança se produz junto ao observador, junto ao "espírito que contempla"[107] as seqüências, isto é, os múltiplos cumprimentos. Quando o primeiro A se produz – no nosso exem-

---

106. Nos termos de Hume.
107. Nos termos de Hume.

plo, o primeiro beijo após a aproximação de dois jovens –, o observador (ou qualquer um dos agentes da cena) espera o segundo A, isto é, o segundo beijo. Neste momento, a repetição se objetiva no sujeito, na expectativa de seqüência. Esse ritual de gestos seqüenciados só é percebido como apreendido e, portanto, como arbitrário[108], quando há erro, ruptura de expectativa, dissonância. É o caso de um cumprimento com dois beijos em alguém que espera um terceiro.

Observe-se que nem sempre os elementos constitutivos de uma série de repetição são da mesma natureza AA – como no exemplo dos dois beijos. As pesquisas em microssociologia, servindo-se da etnometodologia, e em comunicação interpessoal vinculam a relação da distância entre dois corpos em diálogo com inúmeras variáveis, como a temática discutida, a posição social dos interlocutores – por definição reflexiva, isto é, uma em relação à outra –, o local da aproximação, a intensidade e a freqüência da voz, etc.

Assim, uma aproximação de cadeiras ou da boca no ouvido do interlocutor (A) é, via de regra, associada a uma temática mais íntima (B) e a uma modulação de voz adequada às duas variáveis anteriores (distância e intimidade). Desta forma, como no caso do beijo, a ocorrência de (A) gera a expectativa, não refletida, da superveniência de (B) e de (C). De onde vem o uso e a expectativa do uso da voz (C)? Da socialização da voz. De um aprendizado por observação repetida. Assim, a repetição diária, inerente a certa produção vocal, enseja ou talvez force a inculcação de associações entre a voz e qualquer outra manifestação verbal ou não-verbal que se naturalizam, enrijecem-se, cristalizam-se. Aprendizado *sui generis* porque dispensa reflexão.

Da mesma forma, a distância mantida entre duas pessoas raramente é objeto de cálculo explícito. Este só se faz necessário ante o relativo, ou, mais raramente, absoluto ineditismo da situação. Assim, quase sempre, a repetição de aproximações análogas permite adequação topográfica, de distância de corpos, a vários tipos de temas, locais e posições sociais dos interlocutores.

Manifestações vocais também exemplificam essa seqüência de tipo AB: assim, um certo timbre pode ser associado a uma pessoa – o que permite a identificação de quem fala só através da voz, sem nenhum flagrante visual. Essa identificação, que chamamos de *direta*,

---

108. O aprendizado social se dá numa trajetória casual e incontrolável por parte do aprendiz.

é possível em função de simples experiências análogas anteriores. Ouço *n* vezes um certo timbre acompanhado do mesmo enunciador. Na ocorrência do mesmo timbre, posso antecipar, associá-lo diretamente a quem está falando.

De que forma as seqüências da realidade, constatadas pelo observador, dispensam cálculo, permitem antecipações, geram reações? Hume já explicava que casos idênticos ou comparáveis, quando constatados na observação, fundem-se na imaginação. Experiências análogas, na medida em que são flagradas sensorialmente, sobrepõem-se, perdem a sua singularidade, fundamentam indutivamente categorias que, uma vez definidas, dispensam fundamento, dão sustentação empírica a esquemas genéricos de classificação do mundo que, por serem a trajetória objetivada no instante, aniquilam a trajetória enquanto seqüência. Assim, no instante do segundo beijo, como quando ouvimos sem ver o interlocutor, manifesta-se, sem pensar e mesmo não querendo, uma história de experiências semelhantes.

Algumas empostações podem ser associadas a certas categorias sociais: sexo, profissão, idade, etc. Assim, por exemplo, ante uma manifestação identifica-se um tom professoral, independentemente do que é dito. Essa associação difere da anterior. Dadas *n* experiências distintas, audição do professor A, B, C e outros, opera-se uma abstração por semelhança que autoriza a criação de um esquema vocal professoral. Esse esquema é aplicável a qualquer professor cuja enunciação lhe seja próxima. Há, portanto, entre a experiência direta e a associação com a categoria social a que supostamente pertence o enunciador, um mediador, um esquema vocal abstrato. Por isso denominamos esta associação de *indireta*, ou *mediada*.

Neste caso, na medida em que as experiências concretas, pontuais, repetem-se, acumulam-se, os traços por elas deixados se sobrepõem, combinam-se, reforçam-se, interiorizando-se sempre mais profundamente e transformando-se em disposições gerais. Assim, repetindo uma série de experiências ou de comportamentos particulares, adquire-se progressivamente uma aptidão e uma inclinação a agir, a falar, a usar a voz desta maneira em detrimento de outra, em todas as situações particulares que se aproximarem daquelas em que se efetuou o aprendizado.

Esta adequação não é memória, nem entendimento: a contração, que permite a tradução de um aprendizado contínuo num saber prático instantâneo e gerador de comportamento, não é uma reflexão e sim uma síntese do tempo, de uma trajetória num instante. Neste ponto, tempo, trajetória e *habitus* se tangenciam.

B – Voz: síntese passiva

Os múltiplos momentos de experiências de ações repetidas e independentes entre si se condensam, comprimem-se, fundem-se num só instante, numa só expectativa, numa só disposição vocal. Um instante de atualização de potências, de redução das contingências, de tangência entre a contração do vivido, experimentado e observado ao longo de uma trajetória de experiências vocais e a enunciação. Por que atualização de potências e redução de contingências?

Observamos que o *habitus* vocal, enquanto saber prático interiorizado, resulta de uma compactação das múltiplas experiências de observação vocal (própria e de terceiros) na trajetória do indivíduo, nas também múltiplas situações de ação. Isso significa que este saber prático decorre de um forte determinismo e singularidade fática, ou, mais precisamente, singularidade de percepção do fato.

Assim, fosse outra a trajetória do indivíduo, outra a sua percepção do mundo e suas vozes, também outro seria seu *habitus* vocal. Desta forma, a trajetória vocal singular – entendida como toda polifonia percebida numa determinada seqüência – de um indivíduo exclui, a cada ponto de sua constituição, infinitas "não-trajetórias", infinitos espetáculos vocais não percebidos num processo de exposição às vozes do mundo essencialmente seletivo. Daí a atualização – no sentido de ato e de atualidade – e redução de contingências: o mundo é potencialmente infinito, porque infinitos são os flagrantes perceptivos possíveis.

Essa contração das experiências não é síntese operada pelo sujeito, mas constituinte do mesmo. Assim, observados os critérios de atividade e passividade em função do sujeito, popularizados pelo direito através das categorias de "sujeito ativo" e "sujeito passivo", qualificamos a síntese da trajetória social em um só momento de *passiva*, porque não reflexiva, porque instituidora da subjetividade e, portanto, anterior a ela. Em outras palavras, a síntese passiva é causa eficiente da subjetividade, é instrumento ou processo de subjetivação, não podendo, assim, depender de nenhuma decisão do sujeito, nem ser objeto de seu controle. Ao contrário, impõe-se a ele.

Da mesma forma, a voz também é única no instante. Resultado de um múltiplo aprendizado sobre a adequação de usos de voz e situações sociais específicas, a voz no instante quase nunca exige deliberação consciente sobre seu uso em detrimento de outras vozes preteridas. No instante, o eventual emprego de um cálculo estratégico sobre tipos de voz a utilizar tornaria a fala inadequada (lenta demais) para a manifestação de um pensamento. Em situação de diálogo, a interação imediata das enunciações inviabilizaria qualquer controle consciente da voz.

A voz é um objeto de construção social. É, portanto, socialmente construída ao longo de uma trajetória de modelos de vozes. A construção de uma voz é não intencional e ocorre ao longo de uma trajetória – que não é uma simples somatória de experiências –, na qual seus pontos iniciais são definidores dos subseqüentes.

Em alguns casos raros, no entanto, esse cálculo é possível, ou até necessário. Situações, por exemplo, em que o tempo real de fala é substituído por um discurso gravado. Nestes casos, a interação entre o enunciador e o enunciatário não exige a emissão de mensagens intercaladas. Como numa locução publicitária. A voz gravada permite a escolha entre múltiplas manifestações possíveis. Só a mensagem escolhida será objeto de interação com os múltiplos receptores. O intervalo de tempo entre o momento da enunciação gravada e o da recepção autorizam o emissor a controlar conscientemente a forma vocal da mensagem. Esse controle obedece a uma série de técnicas que indicam quais elementos da voz facilitam a recepção neste ou naquele veículo.

Mesmo nessas situações, o treinamento exaustivo e o emprego repetido de uma ou outra modulação acabam gerando no emissor soluções pré-adequadas a esta ou àquela exigência de enunciação. Como observa Cid Moreira (nosso entrevistado em 22/05/03), "basta colocarem um microfone na minha frente e uma certa cadência de voz surge não sei de onde, independentemente do que eu tenha que dizer". Podemos, assim, concluir que saber prático e saber calculado são dois pólos, sendo que a locução publicitária se aproxima mais do saber calculado.

Desta forma, constata-se, a título de conclusão, não só o efeito subjetivo produzido pela observação de ações sociais "repetidas", mas também avalia-se a intensidade desse efeito, isto é, da expectativa pela superveniência de um elemento da seqüência gerada pela constatação de seu imediatamente anterior. Assim, o emprego imediato e não refletido desta ou daquela modulação vocal, uma vez constatada uma situação social específica, dependerá de uma socialização específica, isto é, de um aprendizado que faz associar determinada situação a determinada voz sem necessidade de um policiamento consciente ou de um controle externo. A estratégia de locução da voz é o ponto de tangência entre uma prática de locução incorporada em múltiplos espaços sociais possíveis de socialização e a percepção das condições materiais e sociais do instante da locução.

PARTE II

O *eu* apresentado

3
O *eu* classificado

O sujeito se incorporou tardiamente ao estudo da comunicação de massa. A reflexão acadêmica sobre a informação limitou-se, durante as seis primeiras décadas do século XX, aos objetos de sua produção, veiculação e efeitos sociais. Eram, via de regra, excluídos do processo o sujeito emissor e o sujeito receptor. As causas dessa exclusão advêm de necessidades históricas em que o processo de manipulação era a grande preocupação, tanto entre os que pretendiam aprender a manipular melhor, quanto entre os que passavam seu tempo a denunciar sistemas como o da "indústria cultural".

Uma análise histórica do estudo científico da comunicação não aponta necessariamente no sentido de uma evolução científica, isto é, de um aprimoramento epistemológico, ensejando conclusões analíticas mais agudas do fenômeno da comunicação social. Denuncia, no entanto, uma luta social, própria a um segmento do campo científico, pela imposição dos objetos e métodos científicos legítimos e ilegítimos. Assim, estudos de emissão ou de recepção são ora reconhecidos ora condenados como anacrônicos ou fora de propósito, em função da posição circunstancialmente ocupada pelos pesquisadores no espaço social de posições universitárias.

O estudo sociológico da produção científica no campo da comunicação, isto é, as distintas estratégias, troféus e posições ocupadas pelos acadêmicos nesse campo durante o século XX escapam ao nosso objeto de análise. Infelizmente, não são muitos os estudos que fazem a análise das condições sociais que permitem as lutas pela dominação do espaço de produção científica no campo da comunicação.

Limitamo-nos a destacar que a dificuldade em abordar o sujeito não se restringe aos estudos de comunicação. Essa dificuldade se reporta a discussões filosóficas candentes relacionadas com a teoria do conhecimento. A própria comunidade científica denuncia essa hesitação em relação ao objeto "sujeito". Se fosse realizado um estudo de incidência léxica nos discursos sobre o procedimento correto do jornalista ou do cientista, seguramente o adjetivo "objetivo" surgiria como um dos mais citados, e "subjetivo" como um dos menos.

Como bem observa o filósofo francês Félix Guattari em seu livro *Las tres ecologias*, paira sobre a subjetividade uma espécie de suspeita, uma desconfiança, uma "recusa de princípio", em nome das infra-estruturas, das estruturas e dos sistemas[1]. "Os que abordam (a subjetividade) o fazem com enormes precauções, cuidando para não se distanciarem em demasia dos paradigmas pseudocientíficos, tomados preferencialmente das ciências duras: a termodinâmica, a topologia, a teoria da informação, a teoria dos sistemas, a lingüística, etc."

Essa aversão da ciência pela subjetividade também é denunciada por Antonio Vilarnovo[2], que propõe um conjunto de assimilações comumente encontradas na literatura científica, da dualidade objetivo/subjetivo: exato/inexato, adequado/inadequado, verdadeiro/falso, científico/não-científico, individual/geral e aceitável/recusável. O sujeito, por reconstruir o real, é fonte de imprecisão, de delimitações desviadas pela consciência do cognoscente, de inadequação à realidade, de falta de correspondência com o objeto, de falsidade e de preconceitos próprios daquele que enuncia e, portanto, inimigo da ciência.

Essa representação do sujeito vinculada ao fluido e ao impreciso produziu efeitos junto aos pesquisadores dos fenômenos da comunicação[3]. Assim, os estudos de comunicação, durante longo tempo, preocupavam-se, fundamentalmente, com a instituição do pólo da

---

1. Guattari, F. *Las tres ecologias*. Valencia, Pre-Textos, 1990, p. 23.
2. Vilarnovo, A. Objetivo y subjetivo: hermeneutica de la ciencia. *In*: *Anuario filosófico*, n. 26, 1993, p. 717-727.
3. Denis McQuail distingue quatro fases na pesquisa científica sobre a mídia e suas relações com o receptor. Na primeira, até os anos 40, atribuía-se aos meios de comunicação de massa grandes poderes para modificar atitudes e comportamentos. Na segunda fase, até princípios dos anos 60, os meios de comunicação de massa eram considerados parcialmente ineficazes para modificar atitudes e comportamentos. A partir de então, redescobriu-se, em uma terceira fase, os poderes da mídia de construção e manipulação da realidade e de suas representações. A quarta fase em que nos encontramos, segundo McQuail, indica uma influência negociada dos meios (McQuail, D. *Mass communication theory*. London, Sage, 1994. Cf. também *Media performance – Mass communication and the public interest*. London, Sage, 1992).

emissão. Havia que se conhecer os mecanismos sociais que possibilitavam o uso da tecnologia e dos artifícios com a finalidade precípua de, mascarando realidades, aparentemente conseguir levar os indivíduos a ser meros tambores de percussão dos valores dominantes. Percebeu-se, então, que o ritmo nem sempre era o desejado: os objetivos do pólo da emissão, afinal, não estavam sendo totalmente atingidos. Fazia-se necessário ampliar o objeto de estudo, priorizando, agora, o pólo da recepção[4].

Essa tendência científica passou, no entanto, por um redirecionamento, sobretudo nas últimas duas décadas. Como observa Jesús Martín-Barbero, "alguns pesquisadores começaram a suspeitar daquela imagem do processo na qual tudo transcorria entre emissores-dominantes e receptores-dominados sem o menor indício de sedução nem resistência e, na qual pela estrutura da mensagem, não atravessavam os conflitos nem as contradições e muito menos as lutas"[5].

Dessa forma, no campo da comunicação, o sujeito passou a ser integrado, fundamentalmente, através de dois aportes: os estudos da recepção e a análise do discurso. No que diz respeito à recepção, a psicologia cognitiva norte-americana trazia para a comunicação um arsenal de conceitos (como exposição, dissonância, atenção, percepção, retenção, seletividade) que denunciavam as prerrogativas de negociação de sentido das mensagens veiculadas pelos meios por parte daqueles que eram considerados até então simples esponjas absorventes e absolutamente manipuláveis[6]. No que tange à análise do discurso, o grande risco era a "ilusão subjetivista" de considerar o sujeito origem de toda formação discursiva (I). Admitindo a origem social de qualquer manifestação, fomos buscar na lógica reflexiva dos espaços sociais as condições de possibilidade da materialidade discursiva (II).

I – Ilusão subjetivista

Qualquer manifestação subjetiva, comportamento, discurso ou mesmo o silêncio é um fenômeno (por estar ao alcance da percepção

---

4. Baccega, M.A. O campo da comunicação. *In*: Correa, T.G. (org.). *Comunicação para o mercado*. São Paulo, Edicon, 1995, p. 51-62.
5. Martín-Barbero, J. *Dos meios às mediações*. Rio de Janeiro, UFRJ, 1997, p. 15.
6. Sobre os aportes da psicologia cognitiva no estudo da recepção, ler Barros Filho, C. *Ética na comunicação*. São Paulo, Moderna, 1995 (cap. IV e bibliografia citada).

sensorial de outrem) que, para o senso comum e muitos iniciados, é a simples revelação do fenômeno (ser em essência) que lhe deu causa. Essa manifestação permite a adjetivação, a qualificação de seu autor por produzir expectativas em todos os interlocutores da mensagem. A manifestação funciona, assim, como um referencial redutor de incertezas. Cada manifestação, através de seu valor semântico, informa e permite ao interlocutor prever o comportamento futuro do sujeito-autor da manifestação, estabelecer fronteiras entre o provável, o possível, o quase impossível; limitar, assim, o seu comportamento, fazendo decrescer os níveis de contingência (potencialidade) de suas reações.

Se tomamos o sujeito, enquanto indivíduo livre para agir, como a origem de qualquer manifestação, somos forçados a reconhecer que as possibilidades de comportamento sempre tendem ao infinito. A redução dessas possibilidades numa manifestação concreta se daria sempre no momento de sua materialização. Esse idealismo subjetivista, que isola o indivíduo das condições materiais de construção de suas manifestações, é, como dissemos, paradigma dominante na avaliação de qualquer manifestação pelo senso comum[7]. A fundamentação teórica da psicologia social, através, sobretudo, do conceito de atitude, só serviu para reforçar o nexo axiológico unidirecional da consciência em relação ao comportamento.

Gabriel Allport[8] observa que o conceito de atitude veio substituir outros como "instinto", "costume", "força social" e "sentimento", de contornos fluidos e pouco úteis cientificamente. A primeira definição de atitude foi formulada por Thomas e Znaniecki[9]: "Por atitude entendemos um processo de consciência individual que *determina* atividade real ou possível do indivíduo no mundo social". Essa definição difere pouco das que lhe seguiram: a de Murphy, Murphy e Newcomb[10], a de Allport[11] e a de Krech, Crutchfield e Bal-

---

7. "Mas o indivíduo raramente é capaz e propenso a admitir que vê o mundo através do prisma das gerações passadas, que a sua inovação tem uma base estritamente determinada, uma base de que ninguém consegue desprender-se inteiramente" (Schaff, A. *Linguagem e conhecimento*. Coimbra, Almedina, 1974, p. 250).
8. Allport, G. The historical background of modern social psychology. *In: Handbook of social psychology*, vol. 1, p. 3-56.
9. Thomas, W. & Znaniecki, F. *The polish peasant in Europe and America*. New York, Alfred A. Knopf, 1927, p. 22.
10. Murphy, G. et al. *Experimental social psychology: an interpretation of research upon de socialization of the individual*. New York, Harper & Brother, 1937, p. 889.
11. *Op. cit.*, p. 45.

lachey[12]. Para Rosemberg e Hovland[13], a definição de atitude deve necessariamente fazer alusão a três elementos: um componente afetivo (avaliação ou sentimento de algo), um componente cognitivo (percepção e verbalização da crença) e um componente comportamental (as ações).

No entanto, essa anterioridade lógica e cronológica da consciência faz esquecer que o que é dito ou feito não é um "puro produto da consciência" (Wittgenstein), mas uma permanente solução de compromisso entre o que se quer dizer ou fazer e o que se pode dizer ou fazer. Em função disso, o ponto central da abordagem das questões de linguagem deixa de ser a produção individual que se manifesta nos atos de fala, para se tornar o processo de produção do sistema de regras e convenções que preside essa produção individual, ou seja, a natureza histórico-social desse processo[14].

Assim, o equívoco a não cometer na análise de qualquer manifestação subjetiva é sair de um positivismo objetivista e cair, por efeito de denúncia, numa ilusão idealista de que o sujeito é a gênese da enunciação. Como bem observa Baccega[15], todo enunciador é, ao mesmo tempo, enunciatário de um conjunto de discursos que constituem o universo social do qual participa. A ilusão idealista de que o sujeito/autor é a origem de toda manifestação discursiva advém de um duplo "esquecimento": de um lado, a de que todo discurso tem sua origem no social e, de outro, de que nem toda manifestação advém de um cálculo, de uma representação, de um saber *teórico*. Apelamos, assim, no estudo das manifestações subjetivas, para a existência de um saber prático, ou seja, disposições estruturadas pelo meio, geradoras de comportamento e expectativas.

Habitus: a origem social da razão prática

Embora o senso comum busque sempre uma racionalização *a posteriori* para os comportamentos, uma análise menos ingênua nos

---

12. Krech, D. et al. *Individual in society: a textbook of social psychology*. New York, McGraw-Hill, 1962.
13. Rosemberg, M. & Hovland, C. Cognitive, affective and behavioral components of attitudes. *In*: Rosemberg, M. et al. (eds.). *Attitude organization and change: an analysis of consistency among attitude components*. New Haven, Yale University Press, 1960.
14. Baccega, M.A. *Comunicação e linguagem*. São Paulo, Moderna, 1998, p. 17.
15. Baccega, M.A. *Op. cit.*

permite concluir que grande parte das manifestações subjetivas é espontânea, isto é, escapa à lógica de um cálculo estratégico custo x benefício. Isso porque as instâncias de socialização exercem sobre o indivíduo uma ação pedagógica multiforme, fazendo-lhe adquirir saberes indispensáveis a uma inserção socialmente aceita das relações sociais constitutivas dos espaços.

Como observa Schaff, "não é arbitrário o conteúdo desta aquisição, visto que as experiências das gerações passadas contêm em si uma soma determinada de conhecimento objetivo do mundo, sem a qual o homem não poderia adaptar a sua ação ao seu meio ambiente e não poderia subsistir enquanto espécie. Aprendendo ao mesmo tempo a falar e a pensar, assimilamos essa aquisição de uma maneira relativamente fácil; não temos que redescobrir constantemente a América – o que tornaria impossível todo o progresso intelectual e cultural"[16].

À medida que as experiências constitutivas do aprendizado social se repetem, se acumulam, os traços que deixam cada uma delas se sobrepõem, se combinam, se reforçam, interiorizando-se cada vez mais profundamente, transformando-se em disposições gerais, isto é, a repetição de uma situação diante da qual aprendemos a distinguir um comportamento legítimo de outros ilegítimos (socialmente reprováveis). Temos uma tendência, sem necessitarmos de uma orquestração consciente das vantagens e desvantagens sociais de cada comportamento possível, a agir de forma a reproduzir a ordem social, de acordo com as disposições interiorizadas.

Assim, os condicionamentos associados a uma classe particular de condições de existência produzem o *habitus*, sistemas de disposições duráveis, estruturas estruturadas predispostas a funcionar como estruturas estruturantes, isto é, enquanto princípios geradores e organizadores de práticas e de representações que podem ser objetivamente adaptadas a seus fins sem supor o alcance consciente desses fins e o domínio expresso das operações necessárias para alcançá-los[17]. Esses esquemas de classificação do mundo social, interiorizados durante toda a trajetória social do indivíduo, "dizem tudo sobre o mundo antes que o vejamos", usam a experiência sensorial como confirmação ajustada às disposições do que pode e deve ser

---

16. Schaff, A. *Linguagem e conhecimento*. Coimbra, Almedina, 1974, p. 251.
17. Bourdieu, P. *Le sens pratique*. Paris, Minuit, 1980, p. 88.

visto e que governam, com maior ou menor rigidez, nossa percepção (estereótipos)[18].

Esse saber prático, espontâneo e interiorizado se fundamenta num princípio de economia da práxis inevitável na vida cotidiana[19]. Como observa Agnes Heller, "cada uma de nossas atitudes baseia-se numa avaliação probabilística. Em breves lapsos de tempo, somos obrigados a realizar atividades tão heterogêneas que não poderíamos viver se nos empenhássemos em fazer com que nossa atividade dependesse de conceitos fundados cientificamente"[20].

Assim, a dimensão sociocognitiva do estereótipo permite um saber sem representações, uma prática aprendida na prática, reações sem associações de referenciais, posições sem contraste de repertórios[21]. Por isso sustentamos que a experiência de um só indivíduo é muito breve e limitada para poder criar uma estrutura mental, condição de qualquer construção discursiva[22]. Esta só pode ser o resul-

---

18. Sobre os estereótipos, ler o clássico Lippmann, W. *Public opinion*. Nova York, Free Press, 1997, p. 53-100.
19. Num primeiro momento, e contrariamente às instigações de Lippmann, os psicólogos sociais americanos insistiram no caráter redutor e nocivo do estereótipo. Eles o colocaram sob o signo do pejorativo, permanecendo, assim, fiéis à acepção comum do termo. Na medida em que o estereótipo advém de um processo de categorização e de generalização, ele simplifica o real; pode, assim, favorecer uma visão esquemática e deformada do outro que acarreta preconceitos. É nesse sentido que vão, até hoje, numerosas tentativas de definição.
20. Heller, A. *O cotidiano e a história*. São Paulo, Paz e Terra, 1970, p. 44.
21. A existência desses esquemas de representação do mundo social facilitadores da observação e classificação das experiências sensoriais é confirmada por inúmeras pesquisas científicas. Para conseguir determinar com exatidão as imagens que circulam na sociedade americana da época, D. Katz e K. Braly propõem um método, em 1933, por questionários que marcou época (Katz, D. & Braly, W. Racial stereotypes of 100 college students. *In*: *Journal of Abnormal and Social Psychology*, 28, 1933, p. 280-290). Eles dão a cem estudantes da Universidade de Princeton uma lista de 84 adjetivos selecionados previamente, e solicitam a associação a dez grupos diferentes: alemães, italianos, irlandeses, ingleses, negros, judeus, americanos, chineses, japoneses e turcos. Os estudantes devem, em seguida, sublinhar os cinco traços que consideram predominantes para cada um dos grupos examinados. Katz e Braly descrevem sobre essa base de dados os conteúdos dos diferentes estereótipos étnicos: ao nome do grupo se associa a constelação de seus supostos atributos, o número indicando a porcentagem de respostas para cada atributo.
22. Não tendo nem o tempo nem a possibilidade de se conhecer intimamente, cada um observa a propósito do outro um traço que caracteriza um tipo bem conhecido e preenche o resto por meio de estereótipos que tem na cabeça: o operário, o proprietário, o professor, o negro. É dessa forma que o empregado conduz suas relações com seu empregador ou que o eleitor vota num candidato que ele não pode conhecer de perto.

tado da atividade conjunta de um número importante de indivíduos que se encontram numa situação análoga [...][23]. Isso significa que as estruturas mentais ou, para empregar um termo mais abstrato, as estruturas categoriais significativas, não são fenômenos individuais, mas fenômenos sociais[24].

De alguma maneira, o saber teórico, das representações, se ajusta a um saber prático que lhe é anterior[25]. É a concordância entre as estruturas objetivas e as estruturas cognitivas, entre a conformação do ser e as formas do conhecer, entre o curso do mundo e as expectativas a seu respeito que tornam possível esta relação com o mundo que Husserl descrevia com o nome de "atitude natural" ou de "experiência dóxica", mas omitindo de lembrar as condições sociais de possibilidade[26]. Esta experiência apreende o mundo social e suas divisões arbitrárias, a começar pela divisão socialmente construída

---

Essas imagens na nossa cabeça são de natureza ficcional não porque são mentirosas, mas porque exprimem um imaginário social.

23. "O estereótipo esquematiza e categoriza; mas esses procedimentos são indispensáveis para a cognição, mesmo que acarretem uma simplificação e uma generalização por vezes excessivas. Nós necessitamos relacionar o que vemos com modelos preexistentes para poder compreender o mundo, fazer previsões e regulamentar condutas" (Amossy, R. & Pierrot, A.-H. *Stéréotypes et clichés*. Paris, Nathan, 1997, p. 27).

24. Goldmann, L. *Marxisme et sciences humaines*. Paris, Gallimard, 1970, p. 57.

25. Sobre a anterioridade dos esquemas socialmente interiorizados em relação às representações cognitivas derivadas da percepção sensorial poderíamos refutar a tese afirmando que qualquer percepção sensorial posterior e dissonante dos esquemas mentais preexistentes seria decisiva para eliminá-los e substituí-los. O que percebemos, no entanto, já está desde o início da percepção modelado pelas imagens coletivas que temos na cabeça: vemos, dizia Lippmann, o que nossa cultura definiu previamente para nós. O que confirma de maneira eloqüente uma pesquisa aplicada em uma classe durante a qual exibia-se a crianças brancas uma foto com uma bela propriedade. Depois de lhes ser retirada a foto, era-lhes perguntado o que fazia a mulher negra na casa. Um grande número respondeu que ela limpava, quando na realidade não havia na foto nenhum negro (Klineberg, O. *Psychologie sociale*. Paris, PUF, 1963).

26. A "experiência dóxica" designa as imagens na nossa cabeça que mediatizam nossa relação com o real. Trata-se de representações feitas, de esquemas culturais preexistentes, com a ajuda dos quais cada um filtra a realidade ambiente. Segundo Lippmann, essas imagens são indispensáveis para a vida em sociedade. Sem ela, o indivíduo permaneceria mergulhado no fluxo e refluxo da sensação pura; ser-lhe-ia impossível compreender o real, de categorizá-lo ou de agir sobre ele. Como, com efeito, examinar cada ser, cada objeto em sua especificidade própria e em detalhe, sem servir-se de um tipo ou uma generalidade? Tal procedimento seria, diz Lippmann, no rápido curso da existência, praticamente fora de cogitação.

entre os sexos[27], como naturais e evidentes, concentrando, dessa maneira, todo um reconhecimento de legitimidade[28].

Em outras palavras, quando um locutor enuncia, ele se refere não só a algo que existe no real[29], à realidade de primeira ordem, ao que é passível de percepção consensual, prova e refutação experimental repetidas, à soma daquilo que é efetivo ou potencial, mas refere-se também, ao mesmo tempo, "a alguma coisa que existe no mundo social, enquanto totalidade das relações interpessoais legitimamente estabelecidas, e a alguma coisa que existe no próprio mundo subjetivo do locutor, como totalidade das experiências subjetivas manifestáveis, às quais o locutor tem acesso privilegiado"[30].

Dessa forma, observamos que, no processo comunicativo, o enunciado é um ente relativamente autônomo em relação a seu autor e não se esgota na designação de um objeto, pois tem seu próprio "objeto correlativo" (Foucault), sua "materialidade autônoma" (Humboldt). Refutamos aqui a noção de linguagem como um sistema de signos, como um instrumento mediador entre as coisas externas e as impressões da alma, como um instrumento para a transmissão de pensamentos pré-lingüísticos ou para a designação de objetos dados com independência destes (tradição que vem desde Aristóteles até Kant).

"A idéia de que as distintas linguagens se limitam a designar com palavras distintas a mesma massa de objetos e conceitos, exis-

---

27. Assim, uma pesquisa aplicada na França na década de 1960 sobre a imagem da mulher mostra que nos meios favorecidos ainda há tendência a considerar que um ensino muito puxado desvia a menina do papel que sua natureza lhe leva a ter, a saber, o lar e a educação das crianças (M.-J. & P.-H. Chombart de Lauwe et al. La femme dans la société. Paris, CNRS, 1963). Aderindo ao estereótipo, escolhemos para as meninas uma formação que leva a reproduzi-lo. É, segundo a mesma lógica do ciclo vicioso, ou da profecia que provoca sua realização, que os membros dos grupos estigmatizados acabam se conformando com a imagem desvalorizada que lhes confere o meio hostil. Interiorizando o estereótipo discriminante, eles são levados a ativá-lo no seu próprio comportamento.

28. Bourdieu, P. La domination masculine. Paris, Seuil, 1998, p. 14.

29. Como observam Leyens, J.-PH. et al. Stéréotypes et cognition sociale. Mardaga, 1996, a questão da veracidade dos estereótipos se encontra amplamente ultrapassada. As ciências sociais tendem hoje a deslocá-la em direção da questão do uso que é feito dos estereótipos. Não se trata de efetuar verificações sempre problemáticas sobre a exatidão dos esquemas coletivos fixos, mas de ver como o processo de estereotipagem afeta a vida social e a interação entre os grupos. Em outros termos, não devemos considerar os estereótipos como corretos ou incorretos, mas como úteis ou nocivos.

30. Habermas, J. Morale et communication – Conscience morale et activité communicationnelle. Paris, Cerf, 1983, p. 45.

tentes independentemente deles, e a ordená-los segundo distintas leis [...] de que a linguagem é meramente um meio para se dirigir às coisas, para chegar a elas [...] é destruidora do estudo da linguagem, impede a expansão do conhecimento"[31].

Assim, como observa Helena Nagamine Brandão, "deslocando-se o lugar da função representativa do real, a língua adquire espessura própria, pois liberta das amarras que a prendiam a uma concepção que a considerava apenas enquanto capacidade de exprimir representações, passa a ser desvendada em sua estrutura. [...] Nesse quadro teórico, o sujeito passa a ocupar uma posição privilegiada, e a linguagem passa a ser considerada o lugar da constituição da subjetividade"[32].

Dessa forma, entendendo o sujeito como reconstrutor de um discurso que não é só ou puramente dele[33], procuramos ressituá-lo entre um paradigma da objetividade, que o ignorava, e um outro subjetivista que, ao superestimar sua dimensão criadora, esquece e faz esquecer sua dimensão mediadora entre uma polifonia que precede a ele e uma manifestação discursiva dela decorrente. Assim Eni Orlandi, em *Terra à vista*, conclui que, na relação crítica da análise do discurso com a lingüística, "a AD (análise do discurso) inclui – como não o faz a lingüística – o sujeito, ao mesmo tempo em que o descentra, isto é, não o considera fonte e responsável do sentido que produz, embora o considere como parte desse processo de produção"[34].

Assim, a título de exemplo, podemos inferir que, se o jornalista não pode ser "escravo do fato"[35], pela distância intrínseca entre o discurso e seu referente, ele também não é "senhor da mensagem" por não ser inteiramente responsável pelas representações que acredita construir nos textos que produz. Isso porque "todo texto é híbrido ou heterogêneo quanto à sua enunciação, no sentido de que ele é sempre um tecido de "vozes" ou citações, cuja autoria fica marcada

---

31. Humboldt, A. *Schrifen zur Sprachphilosophie*. Vol. III. Darmstadt, Flitner/K. Giel, 1979, p. 153.
32. Brandão, H.H. Nagamine. Introdução à análise do discurso. Campinas, Unicamp, 1996.
33. Como observa Erbolato, M. "O repórter é o intérprete do público". *In*: *Técnicas de codificação em jornalismo*. Petrópolis, Vozes, 1978, p. 52.
34. Orlandi, E.P. *Terra à vista – Discurso do confronto Velho e Novo Mundo*. São Paulo/Campinas, Cortez/Edunicamp, 1990, p. 29.
35. Termo usado por Noemio Espínola, então editor-chefe do *Jornal do Brasil*, em entrevista concedida no programa da Globo News "*N de notícia*", exibido no dia 31/10/99.

ou não, vindas de outros textos preexistentes, contemporâneos ou do passado"[36].

Dessa forma, quando observamos que a informação jornalística era um produto subjetivo, não estávamos imputando a um simples "livre-arbítrio" todas as opções que o fazer jornalístico demanda. Como observa Bakhtin, "uma análise mais minuciosa revelaria a importância incomensurável do componente hierárquico no processo de interação verbal, a influência poderosa que exerce a organização hierarquizada das relações sociais sobre as formas de enunciação"[37]. Enunciação que surge e encontra suas condições de existência num determinado espaço social de posições, de manifestações e de distâncias entre os distintos manifestantes.

II – Campo: espaço de posições e distâncias sociais

A teoria mecanicista do reflexo sempre foi uma exegese ideologicamente interessada, dolosamente deformadora. Afinal, a complexidade do comportamento social não tem, necessariamente, um nexo axiológico direto com relações e forças de produção. A influência dessas é sempre indiscutível, mas a especificidade de universos sociais, atores, troféus e regras de comportamento legítimo, isto é, socialmente reconhecidos, relativizam a causalidade[38].

Na cotidianidade, agentes sociais estão em relação. As manifestações individuais objetivam microespaços de interação onde cada comportamento interage com expectativas de comportamento futuro. A vida social é constituída de uma infinidade dessas relações. Assim, encontros, trocas, discussões, conflitos, disputas, competições, como também relações de trabalho, de poder, amorosas, etc. se desenrolam num tempo e num espaço definidos.

Para compreender os comportamentos e expectativas que constituem uma relação e suas causas é necessário conhecer as circuns-

---

36. Pinto, M. *Comunicação e discurso*. São Paulo, Hacker, 1999, p. 27.
37. Bakhtin, M. *Op. cit.*, p. 43.
38. O caso da vulgarização do materialismo histórico, que levou Marx à espirituosa observação de que não era marxista, encontra dois correlativos, na opinião simplificada sobre a relação entre base e superestrutura, que ainda pertencem aos fundadores da teoria: 1) A relação base-estrutura não seria unilateral, isto é, existiria também a influência da superestrutura sobre a base; 2) Modificações na base não provocariam, de imediato, modificações na superestrutura, mas estas se realizariam por meio de uma série de elementos indiretos (Shaff, A. *Marxismo e o indivíduo*. Rio de Janeiro, Civilização Brasileira, 1967, p. 41).

tâncias e o lugar onde ela se produziu. Entendamos por lugar não só os espaços geográficos de produção das manifestações (que também são fator condicionante), mas também o espaço social, isto é, as posições e as distâncias sociais entre os agentes em relação.

Entendamos assim um espaço social como um conjunto organizado, em que as posições se definem umas em relação às outras. Essa interdependência de posições e distâncias entre as posições nos autoriza a pensar um espaço social dentro da lógica sistêmica. Assim, enquanto sistema de posições sociais definidas reflexivamente[39], todo espaço social pressupõe posições complementares: comandantes e comandados, vedetes e obscuros, vencedores e derrotados, ricos e pobres, etc. Daí, afinando a análise, podemos concluir que um espaço social é um sistema de diferenças, um sistema de posições que se definem pela sua própria oposição, como os pontos cardeais se definem em relação aos seus opostos.

As oposições consagradas terminam por aparecer inscritas na natureza das coisas. No entanto, qualquer exame crítico, ainda que superficial, sobretudo se armado com o conceito de campo, nos leva a descobrir que, com muita freqüência, cada uma das oposições não tem nenhum conteúdo fora da relação com a posição antagônica, em relação à qual ela, em muitos casos, só representa a inversão racionalizada. É o caso de numerosas oposições que estão em vigor hoje nas ciências sociais: indivíduo e sociedade, consentimento e conflito, consenso e coação, e de maneira mais evidente ainda as divisões em "escolas", "movimentos" ou "correntes", "estruturalismo" e "construtivismo", "modernismo" e "pós-modernismo", tantos rótulos com aparência conceitual, mas sem autonomia em relação a seus opostos[40].

Esse ponto de vista relacional permite corrigir equívocos nominalistas que fazem crer na existência de uma posição social (um papel, um posto, uma função, um cargo, etc.) por elas mesmas, independentemente das posições que lhe são complementares e que definem reflexivamente seus limites no espaço. Esse nominalismo essencialista também cristaliza as posições sociais em função da permanência de suas nominações. Assim, a alcunha de diretor definiria uma posição social independentemente da relação de forças a que se submete o circunstancial ocupante deste posto e que define a per-

---

39. Sobre o conceito de espaço social como sistema, ler Accardo, A. *Introduction à une sociologie critique*. Bordeaux, Le Mascaret, 1997, p. 44.
40. Bourdieu, P. *Méditations pascaliennes*. Paris, Seuil, 1997, p. 121.

manente redistribuição do poder no espaço, isto é, do capital específico em circulação no espaço. É a concentração e a escassez deste capital específico que permite a avaliação das distâncias sociais no interior desse espaço.

Essa distância social não se confunde com a distância física. A proximidade física pode vir acompanhada de um abismo social. Essa proximidade pode ser contingência de algum tipo de relação que venha, a médio ou longo prazo, reduzir, e apenas reduzir, a distância social original, como numa relação amorosa entre indivíduos originários de universos sociais diferentes. Da mesma forma, alguns lugares não identitários (denominados por alguns antropólogos como não-lugares) reduzem ou anulam as distâncias sociais entre os transeuntes circunstanciais, relativizando as posições sociais ocupadas pelos mesmos[41].

Inversamente, a distância geográfica não impede os agentes sociais de ocuparem posições sociais equivalentes. Assim, um professor da Universidade Federal do Maranhão ocupa uma posição social semelhante à ocupada pelo professor da Universidade de Dakar. Finalmente, é preciso considerar que as distâncias sociais podem se objetivar em distâncias físicas. Assim, desde a distância entre os corpos em um diálogo, o tipo de aperto de mão, de abraço, a topografia dos espaços funcionais, como o tamanho dos escritórios, as salas de espera, a inclinação das escadas refletem a distribuição do capital específico em um espaço social dado.

No entanto, nem sempre essa reflexão é simetricamente rigorosa. Ou melhor, em cada espaço social a objetivação das distâncias sociais assume características específicas. Como observa Bakhtin, no domínio dos signos, isto é, na esfera ideológica, existem diferenças profundas, pois este domínio é, ao mesmo tempo, o da representação, do símbolo religioso, da fórmula científica e da forma jurídica, etc. Cada campo de criatividade ideológica tem seu próprio modo de orientação para a realidade e refrata a realidade à sua própria maneira. Cada campo dispõe de sua própria função no conjunto da vida social. É seu caráter semiótico que coloca todos os fenômenos ideológicos sob a mesma definição geral[42].

---

41. Sobre os não-lugares, ler Augé, M. *Não-lugares – Introdução a uma antropologia da supermodernidade.* Campinas, Papirus, 1994.
42. Bakhtin, M. *Marxismo e filosofia da linguagem.* São Paulo, Hucitec, 1997, p. 33.

Essas distâncias sociais não variam ou se modificam exclusivamente em função da vontade deste ou daquele agente social[43]. A rigor, o sistema de distâncias e posições sociais preexiste ao próprio agente enquanto agente social. Isso porque a socialização de qualquer agente pressupõe o aprendizado e a interiorização, mais ou menos eficaz segundo as instâncias de socialização freqüentadas, das posições sociais e do respeito das distâncias que lhes são inerentes. Essas distâncias são codificadas e institucionalizadas de maneira mais ou menos explícita. O seu respeito pode ser exigido por lei, costumes, hábitos, crenças religiosas, etc.

A anterioridade das posições e das distâncias em relação a qualquer manifestação discursiva nos permite imputar ao sujeito menos a condição de criador – marco zero do enunciado – e mais a condição de instituído pelos discursos sociais em circulação em um espaço determinado. Assim, longe de ser ponto inicial de uma formação discursiva, o sujeito (autor de um determinado discurso) é, a rigor, um mediador singular de discursos sociais. Assim, como observa Baccega, o universo de cada indivíduo é formado pelo diálogo desses discursos, nos quais seu cotidiano está inserido. E é a partir dessa materialidade discursiva que se constitui a subjetividade. Logo, a subjetividade nada mais é do que o resultado da polifonia que cada indivíduo carrega. Essa condição de paciente/agente leva-nos a designá-lo indivíduo/sujeito[44].

Esse espaço social de produção e circulação de discursos, de que falamos, pode ou não funcionar como um campo social. É preciso para tanto um acordo tácito sobre o direito de entrada, as regras do jogo, o valor dos troféus em disputa, bem como sobre os limites da subversão. Em termos analíticos, um campo pode ser definido como uma rede (*network*), ou uma configuração de relações objetivas entre posições. Essas posições estão objetivamente definidas na sua existência e nos determinismos que impõem aos seus ocupantes, agentes ou instituições, em função de sua situação presente ou potencial na estrutura da distribuição de poderes específicos (ou capitais),

---

43. A teoria segundo a qual os homens fazem sua própria história, mas em condições previamente dadas, contém as teses fundamentais da concepção marxista da história [...]; os homens aspiram a certos fins, mas estes estão determinados pelas circunstâncias, as quais, de resto, modificam tais esforços e aspirações, produzindo desse modo resultados que divergem dos fins inicialmente colocados, etc. (Heller, A. *O cotidiano e a história*. São Paulo, Paz e Terra, 1970, p. 1).

44. Baccega, M.A. *Op. cit.*, p. 53.

cujo controle autoriza o acesso a benefícios também específicos à disposição no campo[45].

O conceito de campo social relativiza o simplismo mecanicista do reflexo. A especificidade dos universos sociais, a relativa autonomia entre eles, as regras de conversão dos capitais sociais próprios a cada campo, a reflexividade dos atores em disputa pelo monopólio tendencial dos bens em circulação em cada campo permitem uma análise mais complexa (Morin) enquanto diversificação das variáveis agindo sobre a manifestação do indivíduo[46].

Assim, o estudo de cada manifestação não pode se dar nela mesma sem a compreensão das outras manifestações em circulação neste universo de agentes e regras definidas. Por essa razão, o social que age sobre a manifestação do indivíduo não reside num fluido contexto ou numa situação contingente. Assim, uma crise econômica pode nada ter a ver com uma produção artístico-literária do mesmo momento histórico.

Dessa forma, para compreender uma produção cultural (literatura, ciência, etc.), não é suficiente a referência ao conteúdo textual desta produção, mas também não é suficiente a referência ao contexto social contentando-se com uma vinculação direta do texto ao contexto. É um equívoco próprio do mecanicismo dogmático que consiste, por exemplo, em relacionar uma obra musical ou um poema simbolista com as greves ou as manifestações, como fizeram certos historiadores da arte ou da literatura.

Supomos que entre estes dois pólos, muito distantes, entre os quais se supõe, muito imprudentemente, algum vínculo de determinação, existe um universo intermediário, um espaço específico e estruturado de posições, um campo literário, artístico, jurídico ou científico, isto é, um universo social relativamente autônomo no qual estão inseridos os agentes e as instituições que produzem, reproduzem ou difundem a arte, a literatura ou a ciência[47].

---

45. Sobre o conceito de campo, enquanto espaço de posições e de luta social pelo controle tendencial do capital específico, ler Bourdieu, P. & Wacquant, L. *An invitation do reflexive sociology*. Cambridge, Polity Press, 1993, p. 94-114.

46. A noção de campo existe para designar este espaço relativamente autônomo, este microcosmo dotado de leis próprias. Como o macrocosmo, ele está submetido às leis sociais, mas não as mesmas. Se ele nunca escapa completamente às coações do macrocosmo, desfruta de uma autonomia parcial, mais ou menos pronunciada (Bourdieu, P. *Les usages sociaux de la science – Pour une sociologie clinique du champ scientifique*. Paris, Inra, 1997, p. 14.

47. Bourdieu, P. *Les usages sociaux de la science – Pour une sociologie clinique du champ scientifique*. Paris, Inra, 1997, p. 14.

Assim, podemos compreender que a análise de qualquer manifestação depende da posição social ocupada pelo manifestante no momento da ação e do contexto, entendido como as posições dos demais agentes no universo em que a manifestação se produziu. Dessa forma, o estudo de qualquer manifestação em si (independentemente da sua natureza discursiva, gestual, etc.) sem que se conheçam as condições sociais da sua produção, isto é, as posições dos demais agentes do campo e as distâncias sociais entre essas posições, é inóquo, uma vez que o significado da manifestação não está nos seus elementos fenomenológicos, mas na posição reflexiva de seu produtor.

Essa fundamentação conceitual e epistemológica tem especial relevância na análise discursiva. O significado de qualquer manifestação verbal não está na palavra. Ele é definido e redefinido em função da posição social do porta-voz em relação aos interlocutores, bem como em função dos demais discursos em circulação no mesmo espaço[48]. É o sistema de posições e distâncias sociais que define a maneira de se portar, as posturas físicas e as indumentárias, e também o que pode ou não pode ser dito numa manifestação verbal.

Assim, toda expressão é um ajuste entre um interesse expressivo e uma censura constituída pela estrutura do campo no qual se oferece esta expressão, e este ajuste é o produto de um trabalho de eufemização, podendo ir até o silêncio, limite do discurso censurado.

Este trabalho de eufemização leva à produção de alguma coisa que é uma formação de compromisso, uma combinação do que se pretendia dizer e do que poderia ser dito, dada a estrutura constitutiva de um certo campo. Isso porque o campo é uma certa estrutura da distribuição de uma certa espécie de capital[49]. As estruturas do pensamento do filósofo, do escritor, do artista, isto é, os limites do que se impõe a eles como pensável ou impensável são, em parte, dependentes das estruturas de seus campos, ou seja, da história das posições constitutivas deste campo e das disposições que elas favorecem[50].

O capital pode ser de autoridade universitária, do prestígio intelectual, do poder político, da força física, segundo o campo conside-

---

[48]. "A sociedade funciona no bojo de um número infindável de discursos que se cruzam, se esbarram, se anulam, se complementam: dessa dinâmica nascem os novos discursos, os quais ajudam a alterar os significados dos outros e vão alterando seus próprios significados, nos momentos em que a materialidade do discurso-texto que circula é captada pelo *receptor*" (Baccega, M.A. *Op. cit.*, p. 53)
[49]. Bourdieu, P. *Ce que parler veut dire*. Paris, Fayard, 1982.
[50]. Bourdieu, P. *Op. cit.*, p. 120.

rado. O porta-voz autorizado é detentor seja em pessoa (é o carisma), seja por delegação (é o padre ou o professor) de um capital institucional de autoridade que lhe garante o crédito, que lhe seja concedida a palavra[51].

Observe-se que as posições ocupadas no campo, geradoras de disposições mais ou menos duráveis e incorporadas no agente social, são objeto de luta simbólica e, portanto, ensejam subversões controladas. O limite de qualquer estratégia de subversão está no direito de continuar jogando, isto é, no respeito de algumas regras aceitas por todos os que pertencem ao campo. Assim, embora limite o universo do dizível no discurso, a estrutura do campo confere ao agente inúmeras opções estratégico-discursivas. O próprio interesse em conservar ou subverter depende de uma apreciação do sujeito-agente que varia segundo prioridades nem sempre objetiváveis.

Por isso, se as observações relativas ao campo e ao *habitus* nos afastaram da ilusão idealista de que o discurso é pura criação do sujeito e reflexo da sua essência, não pretendemos, na análise das condições sociais de sua elaboração e circulação, sufocar os atos de fala a meras expressões robóticas cujos fatores condicionantes escapam absolutamente ao controle dos que se manifestam. Isto é, se o sujeito é constituído pela polifonia discursiva própria ao universo social em que atua, o indivíduo permanece singular na reorganização do que percebe, na elaboração de sua própria formação discursiva.

---

51. Bourdieu, P. *Questions de sociologie*. Paris, Minuit, 1984, p. 138.

4
O *eu* silenciado

O que é o silêncio? Pergunta difícil de responder, talvez impossível. Qualquer resposta se afastaria daquilo que ele é propriamente. Qualquer discurso sobre o silêncio é discurso, não se faz calar[52]. Portanto, exclui o próprio silêncio. Assim, não há como responder a essa pergunta, a não ser silenciando-se. Mas então não seria uma resposta. Seria uma abertura para o possível. Para infinitas respostas. O silêncio como resposta para ele mesmo não é uma resposta. O ato de responder confunde-se com o de explicar. O de explicar com o de promover sentido. E o sentido só existe num discurso. Mas, então, voltamos a perguntar: o que é o silêncio?

Bem, a reflexão sobre o silêncio – sua definição, seu conceito, suas implicações, seus paradoxos – deve ser orientada a partir de dois vieses: um, idealista e outro, materialista. Para o primeiro, o silêncio – como qualquer manifestação – possui um sentido interno, imanente – "significa por si mesmo"[53]. Há nele um significado, independente de quem o percebe. Pesquisá-lo é identificá-lo. Trabalho semelhante ao de um caçador de tesouros, sempre procurando pistas que revelem seu galardão – o verdadeiro sentido do silêncio. Já por um viés materialista, o silêncio confunde-se com a própria realidade – presença ausente de qualquer sentido.

Dessa perspectiva, não há no silêncio qualquer sentido imanente. Qualquer sentido lhe será atribuído por um observador. Um re-

---

[52]. Como sentencia Comte-Sponville, "o conceito de silêncio não é silencioso" (*Traitè du désepoir de la beatitude – Tome 2, Vivre*. Paris, PUF, 1988, p. 183).
[53]. Orlandi, E.P. *As formas do silêncio: no movimento dos sentidos*. Campinas, Unicamp, 1993, p. 72.

ceptor da mensagem silenciosa. O ato de calar, nele mesmo, é semanticamente vazio. Realidade que, ao ser flagrada, permite – a quem flagra – associá-la a uma outra, a um querer dizer, a um querer calar. Realidade silenciosa corrompida pelo flagrante[54]. Assim, podemos dizer que qualquer sentido é uma tradução do real. Indicação do que este supostamente quer dizer ao existir de uma certa forma. Dois vieses, uma alternativa. Ou apenas descobrimos – nós, os receptores do mundo – o que já é – neste caso, o sentido das coisas e das ações é dado e independe de observação – ou lhe atribuímos – a partir do ponto de vista que o encontro com o mundo nos impõe – um entre infinitos sentidos possíveis. Mundo que, para esta última hipótese, existe sem nada querer dizer. Mundo que nada esconde, mas também nada revela. Mundo que, como quer Epicuro[55], é apenas átomos e vazio.

Sentidos excludentes para o sentido das coisas. Sentido imanente, garantido pela transcendência, ou sentido transcendente, garantido pela imanência? Sentido nas coisas avaliado pelo mundo das idéias ou sentido outorgado por quem contempla, avaliado pela singularidade do encontro? Nossa aposta é atributiva. É a aposta do materialismo. Como observamos no primeiro capítulo deste livro, não há na matéria espaço para sentidos ou valores. Só o sujeito significa. Porque só ele deseja. Resta-nos permanecer desejando permanecer. Vivendo. Daí a oposição a tudo que nos ameaça. Daí a exclusão de tudo o que nos exclui. Exclusão tendencial. Exclusão tentada.

Mas o perigo é constante. Não estamos sós. Compartilhamos solidão. Nosso desejo nem sempre coincide com o do outro. Talvez nunca. Por isso estar no mundo é participar de uma relação de forças. De conflito. De discórdia. Ora visível, objetivada em confronto. Ora mascarada, travestida em concórdia. E nossa potência não é ilimitada. Se fosse, seríamos Deus. Mas não somos. O sentido é justa-

---

54. A observação, como bem observaram os psicólogos Max Wertheimer e Wolfgang Köhler, principais líderes do movimento alemão *gestalt*, não pode ser dividida em dois momentos: inicialmente, o do registro dos dados sensoriais e, depois, o da interpretação desses registros. Afinal, a percepção tem como seu aspecto-chave totalidades irredutíveis, isto é, percebemos não elementos isolados, mas sistemas perceptivos completos. Assim, não há um primeiro olhar neutro. Um observador passivo. Um fato que não seja uma construção de linguagem. Um registro puro. Independente das marcas do observador: sua constituição genética e trajetória social. Por isso, ao mesmo tempo em que descrevemos um fato, interpretamo-lo, estabelecemos sua gênese e possíveis desdobramentos. Sobre isso, ver Capra, F. *A teia da vida*. São Paulo, Cultrix, 1996, p. 42-45.

55. Sobre isso, ver Epicure. *Lettres et maximes*. De Mégare, 1977.

mente a presença dessas forças que nos subtraem. Que nos apequenam. A presença do que nos falta. Do que está ausente. Mas não de uma ausência qualquer.

Olhamos para uma pegada na areia e vemos um signo. Mas que remete a uma falta específica: um pé, não a um copo de cerveja[56]. Assim como um faminto que não pára de desejar o próximo prato de comida. A tontura, a fraqueza, o mal-estar são fatos, presenças, mas também signos de sua falta particular: a comida. É aí que a imaginação entra em ação O mundo não basta. Somos impotentes diante de suas outras infinitas forças. Assim, temos de construir um outro mundo. Seguro. Que não agrida a nossa existência. Um mundo para além da própria realidade. Imaginário. Que lhe dê sentido. E é justamente com a linguagem que lhe damos forma. Que determinamos nossas faltas.

Deus é justamente o nome que damos ao universal saciador do que nos está ausente. É o encontro do logos com Eros[57]. É a comida do faminto, o ansiolítico do depressivo, o pé da pegada, a estrela da luz... Melhor: o fim do desejo por comida do faminto, o fim do desejo por ansiolítico do depressivo, o fim de todos os nossos tormentos. De todas as ausências. Das agressões do real. É o nome que damos a isso tudo. Por isso Deus é ausência pura. Está totalmente fora do mundo. Porque é justamente como chamamos aquilo que lhe falta. É o sentido absoluto. Um mundo por detrás do próprio mundo. Um novo mundo. Tomado como verdadeiro. O verdadeiramente verdadeiro. Tudo remete a ele. É desse modo que o real perde seu título ontológico. E ganha *status* de signo. O verdadeiro sentido está cifrado. Tudo é sinal. Pansemiologismo. Princípio da fé.

Assim, se o sentido é aquilo que está fora, é uma ausência[58], tomaremos o silêncio exatamente como seu contrário, o que remete o mundo a ele mesmo. Como o discurso da imanência, por que não? O silêncio, portanto, não será tomado como mera ausência de sons, de

---

56. Como observa Bakhtin, "converte-se em signo o objeto físico, o qual sem deixar de fazer parte da realidade material, passa a refletir e a refratar, numa certa medida, uma outra realidade" (*Marxismo e filosofia da linguagem*. São Paulo, Hucitec, 2002, p. 31).

57. Sobre isso, ver Comte-Sponville, A. *Traitè du désepoir de la beatitude – Tome 2, Vivre*. Paris, PUF, 1988, p. 228-234.

58. "Tudo o que é ideológico possui um significado e remete algo situado fora de si mesmo" (Bakhtin, M. *Marxismo e filosofia da linguagem*. São Paulo, Hucitec, 2002, p. 31). Conseqüentemente, como veremos melhor adiante, existe uma intensa disputa social pela conversão legítima de uma realidade material em realidade simbólica. Isto é, pela determinação desse algo situado fora de si mesmo, pela determinação do sentido das coisas.

ruídos, mas sim como ausência de sentido. Enquanto presença do real, quando não assimilado em sua unidade significado/significante, torna-se pura contingência significativa, abrindo-se em múltiplas possibilidades de sentido. Isto é, quanto mais inédito o silêncio em relação a outros flagrados numa trajetória particular, maior o leque significativo produzido. Nas palavras de Orlandi, "o silêncio significa esse nada se multiplicando em sentido"[59].

Neste capítulo, inicialmente, abordamos o mundo e seu silêncio. Silêncio dos vivos (I). Falamos sobre a verdade, sobre o que entendemos por ela, e em que medida ela toca o silêncio ou até mesmo se confunde com ele. Discutimos a noção de fundamento e a idéia de que a verdade possa fundar a moral. Silêncio na relação. Sua percepção. Sua recepção. Seu uso. Suas regras. Sua construção social. Enfim, o silêncio enquanto comunicação interpessoal. Apresentamos pesquisa realizada com alunos do ensino médio sobre a recepção do anúncio do refrigerante Sukita. O discurso dominante e o progressivo calar dos dominados. O silêncio como medo da opinião dominante. Como afeto triste. Como censura incorporada.

A segunda parte aborda o silêncio dos mortos (II). Assumimos a morte como presença e não como ausência. Presença para os vivos. Presença entre vivos. Para tanto, apresentamos anúncios fúnebres de múltiplos jornais e analisamos a morte noticiada. A representação do finado como objeto de luta. Os artifícios de consagração e os mecanismos de legitimação.

I – Silêncio dos vivos

Existir é insistir. Na própria existência. Nada fazemos sem afirmarmo-nos no mundo. Tudo o que há, todo o ser, esforça-se, na medida em que pode, para continuar a ser. Nada escapa a essa verdade. Eis o *conatus* espinosano[60]. Eis a lógica interna de tudo o que é. Princípio de identidade: uma mesma coisa não pode ser e não ser ao mesmo tempo. Tem de afirmar a si própria. Assim, insistir nada mais é que um esforço para continuar na própria existência. Insistencialismo. Eis a resposta. Para uma questão que não se coloca. Para aqueles que crêem ter a vida um sentido próprio. A vida sim-

---

59. Orlandi, E.P. *As formas do silêncio: no movimento dos sentidos*. Campinas, Unicamp, 1993, p. 49.
60. Sobre isso, ver Espinosa, B. *Ética à maneira dos geômetras*. Parte III, prop. VI e VII. São Paulo, Abril, 1979.

plesmente é. As coisas simplesmente são. Sem nenhum valor interno. Nenhuma beleza imanente. O absurdo está em nós. As obviedades também. Nas perguntas que fazemos. No sentido que achamos ou não[61]. Na esperança correspondida ou não. A vida é só uma presença. Uma potência que se afirma. Assim também é o silêncio.

Silêncio materialista. Silêncio sem sentido. Silêncio real. Mas o que é exatamente este real de que falamos? Voltamos a Epicuro: átomo e vazio, nada além disso. O real é matéria bruta insignificante, natureza indiferente. Nas palavras de Engels, "natureza sem acréscimo estranho"[62]. Ora, se o real é a natureza mesma, o ser mesmo, não pode habitar o passado. Nem o futuro. "O passado não existe, já que não existe mais; o futuro não existe, já que ainda não existe"[63]. Sua morada só pode ser presente. Onde tudo está. Que tudo compreende. Do qual nenhuma existência se exclui. Existência efêmera. Tudo passa. Movimento. Mas num presente que, ele mesmo, não passa. Nada que é pode estar fora do presente. Eternidade. O real é o movimento do presente. O desenrolar em ato da eternidade, portanto. O eterno aos poucos, por que não?[64]

O silêncio, essa matéria sem memória, sem história, sem gramática. É o instante no próprio instante, que não remete a nada além dele mesmo. Ora, e o que haveria fora desse instante? Imageticamente, o universo. Ontologicamente, nada. Objetivamente, só há o presente. Perpétuo devir. Perpétua sucessão. "Sempre agora, mas sempre diferente. Sempre diferente, mas sempre agora"[65]. O presente é esse "eterno sem retorno"[66].

---

61. No mundo só há seres. Únicos e irrepetíveis. Não há semelhança, não há diferença, nem igualdade, nem identidade, nem oposição, nem contradição, nem valor, nem beleza, nem honestidade, nem repetição. As coisas apenas são. Nelas mesmas. Todo o resto é produção humana. Uma árvore é. O bosque é coletivo produzido pelo homem. Uma pessoa é. Parecida com outra apenas pelo olhar vesgo de um observador. Um animal é. Diferente de outro graças a quem os contempla. Não há no mundo nada além das coisas. Diferenças e repetições são produto de um sujeito que reorganiza o que vê para atribuir ao mundo um sentido que ele não tem. No mundo não há valores nem sentidos. No mundo só há o que é.
62. Engels. *Études philosophiques*. Paris, Sociales, 1977, p. 68.
63. Comte-Sponville, A. *L'être temps*. Paris, PUF, 1999, p. 50.
64. Não tomamos aqui, de maneira alguma, a idéia platônica de que o real é a imagem móvel do eterno. O real não é a imagem de nada. Muito pelo contrário, é a própria eternidade, na medida em que ela é o presente, portanto, na medida em que é.
65. *Ibid.*, p. 70.
66. *Ibid.*, p. 140.

E se a teoria da relatividade demonstra que o tempo é relativo – que um certo acontecimento está no passado para determinado observador, no futuro para outro e no presente para um terceiro –, ela nos indica tão-somente que o tempo não é absoluto. Não altera em nada a idéia de que esse acontecimento só exista no presente, assim como os três observadores. Só há o presente, mesmo que ele não seja simultâneo.

Assim, o silêncio é a sucessão mesma do mundo, o presente sempre presente. A própria insistência do ser. Aquilo mesmo que ele é. Aquilo mesmo que há. Sem os afastamentos da imaginação. É o mundo em ato. É a forma como o presente se revela. Presente esse que permanece. Sempre. Na eternidade. O silêncio é o discurso do eterno. Da imanência. Do ato.

Ora, se tudo o que é, só pode ser o que é – senão já não seria mais –, podemos dizer que tudo aquilo que acontece no presente – o que realmente acontece – é necessário. Só poderia ser como é. Qualquer ocorrência, ao acontecer, produz uma necessidade lógica. É porque acontece, que só poderia acontecer. Necessidade do real e pelo real. Sem estrelas. Sem profetas. Sem bolas de cristal.

Desse modo, se o silêncio é o discurso mesmo da imanência, porque não nos remete a nada, porque não abriga nenhum sentido, é também a revelação da necessidade, do mundo mesmo como ele é. Sem finalidades. Uma presença sem sentido, como veremos adiante. É por isso que o silêncio contém sempre algo de verdadeiro: a própria falta de sentido. Mais verdadeiro que o silêncio é o caráter silencioso da verdade. Que é muda e surda. Que dispensa discursos. A contingência, por seu lado, ocupa um espaço que não o do próprio real. Sem título ontológico. Apenas, imagético.

A idéia de contingência, assim, acaba por ser refutada. Poderia ser outro o presente? É claro que sim. Mas somente enquanto ainda não era presente. Enquanto estava por ocorrer. Isto é, quando ainda era futuro. Afinal, este sim, está no plano do possível, dado que ainda não foi. Não tem que ser. Porque não é. O necessário, como o caminho, se faz ao andar. Nos passos das ocorrências. Na sucessão das causalidades.

É por isso que a idéia de predeterminação é falaciosa. O futuro não pode ser determinado pelo presente, pois quando este futuro for presente, o atual presente será passado, ou seja, não será mais, não poderá ser causa. O que não é não pode determinar o que é. Como poderia o que não é mais, o que não mais existe, agir sobre o que é, ser sua causa, determiná-lo em ato?

Não é a cópula que causa o parto, ou a degustação de uma pamonha, a diarréia. Mas a gravidez de nove meses, as contrações, ou os sucessivos encontros da iguaria com nosso organismo, as contrações... Assim, podemos dizer que a história não é a causa do presente na medida em que já foi, mas porque está presente no próprio presente. Presente causa de si. Tudo o que há – a própria realidade – só pode, então, estar no plano do necessário, porque se fosse outra coisa, já não seria mais ela própria. A contingência surge, por conseguinte, no seio da imaginação, que cria algo que poderia ser diferente daquilo mesmo que é. Faz crer que o que não é, poderia ser. A contingência só existe para nós. Mas não para o mundo. Equívoco humano. Impotência nossa.

Com isso fica descartada a idéia de causa final, do real determinado por um *target* ou *thelos*, de *steps to follow* por *goals to achieve*, de uma finalidade transcendente à necessidade da própria realidade. Ela é tão-somente uma confusão da imaginação. Uma idéia que troca a causa pelo efeito. O presente, como vimos, só pode ser determinado por ele próprio, nunca pelo que não é – ou pelo que ainda não é –, caso do futuro onde estão os objetivos, metas ou alvos. A título de exemplo: andamos de avião pelo desejo atual de locomovermo-nos com rapidez. Não é o presumido horário de chegada que pode determinar a escolha do meio de transporte. Mas sim a presunção contemporânea da escolha.

Agir "em vista de" imputa a um ponto futuro sua causa. Ao que ainda não é. Mas só o ser causa. Causa dele mesmo. A causa eficiente é a que nos resta. Ser, causa do ser. No instante. No presente. Quando tudo é. Onde tudo é. Aqui é impossível não lembrarmos de Borges falando da existência: "Sinto sua multidão. Nós somos nós"[67]. No instante, quanta coisa nos determina: a história, a cultura, a linguagem... enfim, o real. Todo o real. Tudo o exprime. Nada o transcende. Tudo está nele. Tudo é ele.

Por isso, o real só pode estar no presente[68]. Se nele não estivesse, não seria mais real. Confunde-se com a própria idéia de presente. Já o sentido é realidade outra. Atribuído em outro instante. Instante de significação. Supõe enunciar algo que transcende o mundo significado e o seu presente. Seu ato. Fratura do ser pelo ser. De um instan-

---

67. Borges, Jorge Luis. O outro, o mesmo. *In*: *Obras Completas II*. São Paulo, Globo, 1999, p. 350.
68. *Ibid.*

te por outro. De uma presença por outra. Sentido é movimento de um ser para outro.

Pelo sentido, afastamo-nos da verdade. Outorgamos algo ao que simplesmente é. A partir de um ponto de vista. De uma posição. Associamos, com maior ou menor legitimidade ou resistência – já que são infinitos as posições e os interesses de seus ocupantes –, um real significante a outro significado. Sentido consonante. Sentido que gratifica. Que aumenta nossa potência. Por isso, objeto de luta. Luta social pelo sentido legítimo das coisas. Legítimo porque indiscutível. Indiscutível porque oculto o caráter arbitrário, parcial e interessado da sua definição[69]. Da sua imposição. Da sua outorga. Mas com ou sem sentido, com ou sem concordâncias ou divergências, o real segue seu fluxo de causalidades. "O real sem frases. Isso é o próprio silêncio"[70].

A esse real silencioso alude Bobin: "O silêncio é a mais elevada forma do pensamento, e é desenvolvendo em nós essa atenção muda para com o dia que encontramos nosso lugar no absoluto que nos rodeia"[71]. Nele não emitimos julgamentos sobre o corpo. Apenas dizemos a nós mesmos como ele é afetado, qual é a sua maneira de ser. Afirmamos sua presença mesma. Percebemos nossa potência de existir em sua atualidade. Aqui, o objeto do desejo é o próprio instante vivido.

Alegria! Alegria por amar. Amor por ele mesmo. Sem nada esperar. Nem em troca nem em doação. Aquela carícia... Aquele sorriso... Aquele olhar... grato pela existência. Nossa e do amado. Grato pelo leitor interessado. Grato ao absoluto. Grato ao Deus que nunca nos abandona. Só lhe resta ficar. Deus fiel. Fiel ao real. Fidelidade à caverna. Caverna sem saída. Sem luz nem sombras. Grato aos irmãos acorrentados ao que é. Condenados a existir. Habitando o silêncio do mundo.

Amamos, portanto, o que é. Não só o que falta: oscilação ressentida entre o enfado e a frustração. Amar sem dispor ou dispor sem

---

69. Bakhtin observa que "o ser, refletido no signo, não apenas nele se reflete, mas também se refrata. O que é que determina esta refração do ser no signo ideológico? O confronto de interesses sociais numa só e mesma comunidade semiótica, ou seja, a luta de classes [...]. Conseqüentemente, em todo signo ideológico confrontam-se índices de valor contraditório. O signo, portanto, torna-se a arena onde se desenvolve a luta de classes" (*op. cit.*, p. 46). Assim, se o signo é alvo de intensa disputa, a despeito da tentativa da classe dominante em torná-lo monovalente, torna-se vivo e dinâmico, capaz de evoluir em acordo com as transformações sociais.
70. *Ibid.*, p. 245.
71. Bobin, C. *Le huitième jour de la semaine*. Paris, Lettres Vives, 1986.

amar. Amar o real, no instante e no encontro. Expressão mesma da potência de viver. O amante ama a amada não porque ela o determina. O desejo vem antes. Sua potência é primeira e encontra no amor seu grau máximo. Silêncio dos amantes. Se seus corpos confirmam a solidão, também exprimem o mundo. Afinal, "que pode uma criatura senão, entre as criaturas, amar?"[72]

Mas não só de presença é feita a vida. Habitamos o vazio, muitas vezes. O sentido. Fruto de nossos encontros com o mundo. Imediato, inicialmente. Sentimos os efeitos que ele produz em nós e os efeitos que produzimos nele. Um dia ensolarado nos afeta de calor. Por meio do efeito do sol em nós, reconhecemo-nos como alguém que sente calor. Ou ainda, quebramos um copo. Reconhecemos, então, o copo como um corpo frágil. Estamos presos à nossa imaginação. Abstraímos o percebido de sua ordem natural e o colocamos no interior de nossa experiência psicológica. Por isso, nesse nível, nossa experiência é vaga. Isto é, conhecemos as coisas pelos acidentes e generalizamos o particular. Comemos uma pamonha estragada. Adoecemos. Desconhecemos as razões: que o corpo da referida pamonha, quando junto ao nosso, irá desorganizá-lo. Por conseguinte, acreditamos que a natureza do quitute é má. Seu sentido: iremos adoecer se a ingerirmos. Seu valor: negativo.

Mas o mundo também nos é conhecido por meio de relatos. Pelo outro. Por mediações. Delas dependemos. A vida em sociedade exige informações que excedem – e muito – os limites do imediatamente percebido. Experiências singulares, convertidas em relatos, tendem a generalizar-se. Afetos únicos determinados em encontros singulares traduzem-se em juízos normativos. Assim, por desprezarmos a refração – efeito de transformação de mensagem inerente a qualquer atividade simbólica de codificação –, tomamos o relato pelo mundo relatado.

Quando alguém nos adverte que a ingestão exagerada de pamonha produz liquefação fecal, sentimo-nos dispensados de reeditar trajetória análoga para confirmar a advertência. Desprezamos a singularidade dos encontros, a possibilidade de outras pamonhas, de outras espigas, em encontro com outros órgãos, de outras células, produzir outros afetos como uma, também incômoda, prisão de ventre.

O sentido, portanto, nasce dessa relação: de nossa imaginação do real. Se vivêssemos em seu silêncio, em sua falta de sentido, po-

---

[72]. Andrade, Carlos Drummond de. *Amar – Antologia poética*. Rio de Janeiro, Sabiá, 1970, p. 82.

voaríamos o instante mesmo. Em ato. Mas não é o que acontece. Somos um desejo de autopreservação. Um organismo que se esforça para se manter permanecendo. Por isso, atribui causas. Para antecipar o futuro. Para que a agressão não se repita. Ou permaneça. Para que o agressor seja identificado. Eliminado. Ou, pelo menos, evitado. Para que os partidários da nossa conservação não se afastem. Permaneçam ao nosso lado.

Assim, formam-se imagens das causas. De maneira confusa, na maioria das vezes, já que remetem a um lugar imaginado. Fora do presente. Retemos imagens das coisas. O mundo recém-flagrado com elas se relaciona. Nunca é percebido por ele mesmo. Unidades imagéticas se sobrepõem. Terminam por sintetizar-se. Trabalho passivo de representação. Cogito em repouso. Resultado pasteurizado de encontros sempre virginais. Profanação do inédito. Traição do singular. Restos presentes do já vivido contaminam a pureza do flagrante. Sobreposição indecente. Sentidos determinando sentidos. Rupturas parciais. Revolução impossível.

O mesmo para o futuro. Uma série de expectativas vem se unir ao instante percebido carregado de passado e presente. Retenção e protensão[73]. Por isso, ao mesmo tempo em que flagramos um fato, interpretamo-lo. Estabelecemos sua gênese e possíveis desdobramentos. Afastamento progressivo do que simplesmente é. Afastamento da verdade do real. Afastamento de suas causas em ato. Julgamo-las num mundo fictício. No passado ou no futuro. Nesse instante, a necessidade perde lugar. A contingência impera. E o signo se faz.

A verdade, dizia Espinosa, "não necessita de nenhum signo"[74], pois o signo nos remete justamente a um mundo imaginário, que não abarca o próprio real. O que simplesmente é. Mas, então, a verdade não estaria ao alcance do discurso? Não haveria nenhum que a abrangesse? É claro que sim! Não é preciso ser filósofo para sabê-lo. Um quadrado não pode ser um círculo. A Terra gira em torno do Sol. Verdades incontestáveis. Claras como a luz do meio-dia. No entanto, se o discurso pode ser verdadeiro – falar verdades – não pode, por outro lado, criá-las. A verdade é anterior a qualquer discurso. É o real em si mesmo. Sem nenhum sentido. Em ato. A verdade do ser é anterior à verdade do discurso. Do conhecimento. Caso contrário, a Terra passaria a girar em torno do Sol a partir do momento em que tomássemos consciência desse fenômeno. A verdade é, antes de

---

73. Sobre isso, a fenomenologia é bastante esclarecedora. Mais especificamente, Husserl, E. *A idéia de fenomenologia*. Lisboa, Centauro, 1970.
74. Espinosa, B. *Traité de reforme de l'entendemente*. Par. 27. Paris, Aphun, 1977.

mais nada, o ser mesmo. Em sua insistência. Só depois torna-se discursiva. O discurso é verdadeiro quando, justamente, é adequado à própria realidade. Quando diz a verdade do ser, como bem viu Heráclito. Mas não como representação idêntica do real. Pois a representação é sempre uma falta. Nunca se identifica com o próprio mundo. Assim, a correspondência não pode ser o critério de verdade[75]. Pois, se fosse, precisaríamos de uma outra idéia para confirmá-la, e assim de outra, e outra, e estaríamos fadados a uma progressão ao infinito. Como saberíamos, senão por meio de outra idéia, se a idéia que temos de uma determinada árvore, por exemplo, é idêntica a essa mesma árvore? Quem seria o juiz? Por isso, podemos dizer que, por ser verdadeiro, o discurso contém uma idéia perfeita da realidade[76]. E não o contrário. É o que Espinosa diria:

---

75. Foucault criticando a idéia de que o conhecimento seja mera correspondência objetiva com o mundo, um dado puro e imediato; e não um processo de constituição de significação oriundo do modo como os homens se relacionam com a natureza e entre si, observa que: "O conhecimento não tem relações de afinidade com o mundo a conhecer, diz Nietzsche freqüentemente. O caráter do mundo é o de um caos eterno; não devido à ausência de necessidade (das coisas serem como só poderiam ser), mas devido à ausência de ordem, de encadeamento, de formas, de beleza e de sabedoria. O mundo não procura absolutamente imitar o homem, ele ignora toda lei. Abstenhamo-nos de dizer que existem leis na natureza. É contra um mundo sem ordem, sem encadeamento, sem formas, sem beleza, sem sabedoria, sem harmonia, sem lei, que o conhecimento tem de lutar. É com ele que o conhecimento se relaciona. Não há nada no conhecimento que o habilite, por um direito qualquer, a conhecer o mundo. Não é natural à natureza ser conhecida" (Foucault, M. *A verdade e as formas jurídicas*. Rio de Janeiro, Nau, 2002, p. 18).

76. Sobre a definição de idéia verdadeira, Alain pondera: "Queremos aprender a usar bem a nossa Razão; queremos aprender a formar idéias verdadeiras. O que é uma idéia verdadeira? A primeira resposta que nos vem é que uma idéia verdadeira ou adequada é a idéia que convém a seu objeto, ou, se preferir, que é conforme a seu objeto. A idéia verdadeira daquele cavalo seria uma idéia que coincidiria perfeitamente com o cavalo real que ela representa. [...] E como a idéia é distinta do objeto, porque Pedro, Paulo ou Joaquim podem formar cada qual uma idéia de um mesmo objeto, a verdade de uma idéia teria um caráter extrínseco da idéia, uma relação entre a idéia e outra coisa que não a idéia (objeto representado). Admitindo então que só a idéia verdadeira seja conforme ao objeto, somos obrigados a concordar, no entanto, que não é a partir desta conformidade com o objeto que poderemos reconhecer a idéia verdadeira. Temos que reconhecer que não temos nenhum meio de saber se uma idéia é verdadeira ou que a idéia verdadeira se distingue de idéias falsas por algum caráter extrínseco. Ora, é isso mesmo. Vemos que uma idéia não tem que esperar – para ser verdadeira – que o objeto que ela representa exista no mundo. Se um artesão concebe uma máquina engenhosa, cujas partes estejam dispostas convenientemente para o uso que ele quer dela fazer, seu pensamento é verdadeiro ainda que tal máquina não exista no momento em que ele a concebe, ainda que ela nunca tenha existido no passado, e ainda que nunca venha a existir no futuro. Ora, se a verdade de uma idéia dependesse para nós de sua relação com o objeto real, nunca poderíamos dizer que a idéia deste artesão seja verdadeira" (Alain. *Spinoza*. Paris, Gallimard, 1996, p. 31).

"Toda idéia que é absoluta em nós, isto é, adequada e perfeita, é verdadeira"[77].

Surge, então, na memória, a doce imagem de um casal de jovens apaixonados. Estudam na mesma escola. Até mesmo, na mesma classe. Falam-se sempre. Calam-se às vezes. E, por mais estranho que possa parecer, nesse mundo de infinitas possibilidades de comunicação – celular, icq, webcam – trocam cartas apaixonadas, revelando o que é próprio da paixão: tristeza, angústia, alegria, fraqueza, força, doçura, ira, inveja... É impossível não nos espantarmos: uma das mais primitivas formas de comunicação permanece. Por quê?

Bem, a primeira justificativa para se enviar uma carta é a questão do espaço. Nosso corpo, pobre corpo, é infinitamente limitado. A carta é uma forma de superar seus limites, "sair da prisão do corpo, ao menos um pouco, ao menos pela linguagem"[78]. Seu *thelos*: superar a distância. Quanta nobreza! Mas o jovem casal não enfrenta tal dificuldade. Seus corpos não estão distantes. Tocam-se, até. E com freqüência. Mas, então, permanece a questão: por que trocam correspondências?

A segunda justificativa para se enviar uma carta é a questão do tempo. Nossa existência é infinitamente fluida. A carta é uma forma de eternizá-la, pará-la no tempo. Quanto afeto mútuo possui nosso jovem casal! Ele detentor da existência dela. Ela da dele. Mas será sempre assim? Esse amor nunca irá se corromper em ódio ou transformar-se em indiferença? É muito possível. Como também que se transforme num amor não mais apaixonado, mas amigo. Ou ainda, que permaneça paixão. Mas aí já seria outra paixão. Nada permanece. Se permanecem apaixonados é porque afetos de paixão vão se sobrepondo na medida em que o mundo os vai afetando. E o mundo sempre nos afeta. Interage conosco. Numa troca mútua de marcas. Somos marcados na medida em que sofremos seus efeitos, e o marcamos na medida em que produzimos efeitos sobre ele. Portanto, só resta um *eu* que vai se modificando a cada momento. Com o viver. A carta é uma forma de petrificá-lo no instante mesmo. Por isso, nesse sentido, ela nasce, pelo menos de certa forma, da consciência da própria inconstância e da necessidade de que algo permaneça. Mas crer que ela vá congelar o *eu* em palavras não passa também de pura ilusão. Em tempo real só potência. A escrita é um relato de alguém que

---

[77]. Espinosa, B. *Ética à maneira dos geômetras*. Parte I, prop. XXIV. São Paulo, Abril, 1979.
[78]. Comte-Sponville, A. *Impromptus*. Paris, PUF, 1996, p. 41.

já não é mais. Representação de um cadáver. Impotência do escritor. Solidão do escritor.

No entanto, é necessário comunicar. Confessar nossos afetos. Nossos desejos. Nossas verdades. Há momentos em que essas não cabem em nós. Transbordam. E não podemos nos afogar, silenciar. "A correspondência nasce, portanto, da dupla impossibilidade, que ela supera e da qual se nutre, da fala e do silêncio"[79]. Assim, ela não sobrepuja somente barreiras espaciais e temporais, mas principalmente discursivas: daquilo que tem de ser comunicado. Do que não pode se contentar com o não-dito, mas que só pode ser escrito. Do que não pode se subjugar às fragilidades do corpo. A carta é uma confissão que só se pode porque escrita.

Na manifestação por carta, o outro não está lá. Para nos apavorar. Com seus olhos de repulsa. Sua fisionomia de não. Sempre segundo nossa própria imaginação. Foi preciso sua ausência para comunicá-lo, para confessarmos nossos mais verdadeiros desejos. Cara a cara não seria possível. A copresença nos constrangiria a vestir uma máscara dissonante com nossos afetos. A civilização exige decoro. Postura de vitrine. Ritos, socialmente tolerados, de expressão da intimidade. Tínhamos de habitar nossa solidão. Isolamento encorajador. Faculta-nos compor adequadamente o discurso da nossa personagem: o frágil apaixonado. Tentativa de tradução do desejo, a correspondência é um relato da presença, sem tagarelice, sem cinismo, aonde a fala quase não vai. É, talvez, a própria verdade confessada.

Se a verdade, portanto, diz respeito às coisas do mundo, se é o que é – o real, simplesmente, indiferente a tudo –, ela pode, quando silenciada, habitar o discurso. Trata-se não de anular o discurso racional, mas a verborragia. Não de não falar, mas de confessar. "A verdade é que simplesmente te amo e não consigo viver sem você." Verdade da confissão: o real se sobrepõe ao juízo. Por mais que nossos receios nos sufoquem, a verdade às vezes tem de ser explicitada. Por mais cara que ela possa ser para nós. Que a desejamos ou a repelimos. Mas ela não é nada. Melhor: não abriga nada. A não ser ela mesma. Indiferente a tudo. Aos nossos medos. Às nossas opiniões. E é justamente na sua indiferença, no seu silêncio[80] – ela nada diz, nada escuta, nada julga – que reside sua força e sua liberdade.

---

79. *Ibid.*, p. 35.
80. Mesmo que discursivo. O discurso, como acabamos de ver, pode ser verdadeiro. Neste sentido, dizemos que ele envolve o próprio silêncio. Não é claro porque é um discurso mudo, sem palavras, sem ruídos, mas porque revela o ser mesmo.

Dois mais dois são quatro. E só poderiam ser quatro. É a verdade dessa soma. Isso não significa que ela seja bela, feia, justa ou injusta, mas que para todo o mundo dois mais dois são quatro, e por isso ela é livre. É porque seu resultado só poderia ser quatro que ela não se subjuga ao desejo de ninguém, a nenhuma perspectiva. Quatro é o seu resultado para o judeu, para o católico, para o protestante, para o muçulmano, para o hindu... Assim, "quando a verdade é conhecida com certeza, a tolerância perde seu objeto"[81], pois não há mais diferenças para lidar, não há mais do que discordar, nem o que tolerar. Ninguém briga pelo resultado dessa soma. Quatro não é uma visão de mundo. Uma representação entre outras possíveis. Desaparecem os troféus. Ninguém se ofenderia porque dois mais dois são quatro e não cinco.

Não seria, assim, a verdade o fundamento da moral? Para uma vida plena, reta, feliz, bastaria conhecermos a verdade? Comportarmo-nos geometricamente? Quais princípios guiariam para a virtude? Seria o paraíso da HP? Bem, comecemos pela própria definição de fundamento: "Fundamento não é um princípio, nem uma causa, nem uma origem [...] mas uma justificação radical dos próprios princípios"[82]. É o que diz que deve ser, o que permite julgar o que se passa, a partir de algo que não se passa. Sólidos fundamentos para a moral eliminariam os riscos de um relativismo perigoso. Pois se ela for particular e contingente, não há como tirá-la, de fato, de uma pluralidade de perspectivas. E, por conseguinte, não há como condenar os adversários. Isto é, em última instância, não há como saber quem está com a razão, como discriminar um herói de um canalha, um comportamento virtuoso de um reprovável. Por que seriam os nazistas uns monstros? Qual o critério para julgá-los? Onde estaria o terror do terrorismo? O bárbaro da barbárie? O hediondo de alguns crimes? Contra o horror, são necessárias justificativas[83].

Mas será mesmo? Não é o que nos parece. Afinal, será que o que falta para um torturador são justificativas morais para não sê-lo? Para não torturar? Nas palavras de Wetzel: "Trata-se de pelo menos

---

81. Comte-Sponville, A. *Petit traité des grandes vertus*. Paris, PUF, 1995, p. 174.
82. Conche, M. *Apud*. Comte-Sponville, A. & Ferry, L. *La sagesse des modernes*. Paris, Robert Laffont, 1998, p. 95.
83. Sobre os perigos oriundos do relativismo moral, Rosenfield, D. nos adverte: "Questões de princípio não podem ser negociadas, não podem ser relativizadas, por serem precisamente o que são: critérios, parâmetros de nossos juízos. Se hoje as relativizarmos, amanhã estaremos alijados de nossa capacidade de julgar" (*Retratos do mal*. Rio de Janeiro, Zahar, 2003, p. 35).

dizer não"[84]. A moral é, antes de mais nada, um embate intelectual e afetivo contra o horror. Contra o nazismo, a coragem é certamente mais eficaz do que uma demonstração geométrica.

A idéia de que a verdade poderia fundamentar a moral, ou ainda de que a moral poderia ser fundamentada, parece conter um paradoxo insuperável: como fazer uma demonstração moral, senão em seu próprio interior? Fundá-la, senão em seu bojo? Demonstrar a positividade de um valor, senão por outro? Se há um critério para avaliar um determinado sistema moral, esse terá de passar pelo crivo de outro, que terá de passar por outro, e assim por diante. Não há aqui como não cair numa progressão infinita. Não há como mensurar um valor senão por outro. A moral só pode ser avaliada por ela mesma. A avaliação de um sistema moral pressupõe outro.

É por isso que a verdade não pode ser o princípio último da moral, porque ela é simplesmente o que é, sem nenhum valor intrínseco[85]. Já a moral é um dever ser, um valor que damos a uma ação nossa: boa ou má. A verdade é simplesmente amoral. E a moral um valor que damos à própria verdade. Um valor que é verdadeiro, pois participa da realidade[86]. Não é uma ilusão[87]. Mas uma verdade, que não tem como fundamento um princípio universal. A título de exemplo: é verdade que os EUA bombardearam os japoneses, os vietnamitas, os iraquianos... Mas a eventual virtude dessas ações não está contida em sua verdade – que esses fatos ocorreram, que morreram milhões de pessoas, e sim no valor que lhe é outorgado a partir de um determinado sistema moral.

Além disso, a história ou qualquer antropologia dos valores morais nos denuncia sua pluralidade e controvérsia. A filosofia moral

---

84. Wetzel, M. *Apud* Rosenfield, 2003, p. 89.
85. "Aquele que diz que nossos julgamentos morais são verdades está, na minha óptica, na ilusão. A ilusão neste caso é acreditar poder ter razão num campo onde isto não tem sentido – porque não se trata de verdade" (Comte-Sponville, A. *La sagesse des modernes*. Paris, Robert Laffont, 1998, p. 122).
86. "O dever pode fundar a presença real de um juízo dado, isto é, a concretude histórica de um fato individual, mas não a verdade teórica em si do juízo [...] O juízo verdadeiro não é, por sê-lo, um ato de pensamento imperativo" (Bakhtin, M. *Pour une philosophie de l'acte*. Paris, L'age d'homme, 2003, p. 20).
87. "Mas que nossos desejos e julgamentos façam parte da realidade, não é uma ilusão [...]. Nossa ilusão, inevitável, não é julgar: é de tomar nossos julgamentos por conhecimentos – é de tomar-nos por Deus. Estamos na ilusão não porque julgamos, mas porque tomamos nossos julgamentos – necessariamente relativos e subjetivos – por verdades objetivas e absolutas" (Comte-Sponville, A. *La sagesse des modernes*. Paris, Robert Laffont, 1998, p. 122).

não é menos divergente. Afinal, qual o sistema moral mais moral? Os debates contemporâneos também são reveladores: o aborto deve ser permitido? Em que condições? E a eutanásia? As drogas devem ser legalizadas? Todas? Temos o direito de escravizar animais para depois comê-los? A pena capital é razoável para crimes hediondos? Se para um defensor dos direitos humanos a moral deve ser sempre a preservação da dignidade humana, para um torturador não o é. E se a verdade estiver do lado do torturador? E se ele for melhor geômetra do que o primeiro?

Bem, se a verdade não pode justificar a moral, tampouco poderia o conhecimento científico[88]. Afinal, como trabalha a ciência? Com indicativos, e nunca no imperativo, responderia Poincaré. A ciência objetiva pode explicar fatos. Mas qual é a sua relação com a moral? Nenhuma. E por quê? Simplesmente porque explicar um fato não nos permite julgar seu valor. Digamos que a ciência prove que a generosidade é uma conseqüência genética, uma inclinação natural de determinadas pessoas. Ora, o que a ciência estaria dizendo? Simplesmente o que acabamos de colocar. Ela não diria nada propriamente sobre o valor moral da generosidade. Afinal, por que achar que essa descoberta minimizaria sua importância? Retiraria sua força moral? A generosidade continuaria sendo uma virtude. Assim como se, inversamente, a ciência revelasse o mesmo da crueldade. Ela permaneceria uma tristeza.

Da mesma forma, se for provado que a homossexualidade é uma conseqüência cromossômica, sua prática permanecerá inocente; se for provado o mesmo da pedofilia, sua prática permanecerá reprovável. Além disso, o que a genética teria a contribuir para a reflexão moral? Sabemos que o cérebro serve sempre como uma base que tem de ser atualizada e alimentada. A moral é como a linguagem, nascemos com uma predisposição neural, caso contrário seria impossível cogitá-la – uma formiga, mesmo que nos esforcemos para tanto, nunca aprenderá a falar como nós e muito menos compartilhará conosco de um sistema valorativo –, mas que tem de ser fomentada por certa sociedade, por certa cultura, por certa trajetória. Enfim, ninguém falará ou será um sujeito moral se seus genes não o predispuserem a isso, mas tampouco se não for impregnado de palavras e valores.

---

88. "A moral não é uma ciência, nem mesmo um conhecimento: não é o verdadeiro e o falso que se opõem, mas o bem e o mal. Ou melhor: o que julgamos como tal, já que não há valores objetivos" (*Ibid.*).

Por último, o absurdo, muito recorrente no início do século passado, mas difundido até hoje, de se fundar a moral na idéia de seleção natural. De um lado, algumas de suas inferências e os horrores que suscitam, por si só, já seriam suficientes para não aceitá-la. Basta lembrar as conseqüências da eugenia e de uma limpeza étnica. De outro, a razão sozinha já daria conta de descartar a idéia. É fácil perceber que, se a seleção natural escolheu os mais fortes, os mais adaptados para habitar o planeta, também escolheu os dotados de moral.

É o que Patrick Tort chama de efeito reversivo. A seleção natural – naturalmente – ensejou uma civilização entre outras possíveis. Nesta, discursos sempre se confrontaram e se confrontam seletivamente. Se hoje a xenofobia e a discriminação são, em grande medida, condenadas é porque seus discursos e porta-vozes vêm travando diuturna batalha pela representação legítima da sociedade. Pela seleção natural, porque social, do argumento legítimo. Não há na definição cultural e ideológica dos valores morais uma exceção aos princípios naturais da seleção. Afinal, a cultura – e também a moral – ou é natural ou não é. Não há, portanto, argumentos naturalmente bons, mas argumentos naturalmente aptos a triunfar ante um determinado auditório.

Não matamos velhinhos porque esses são improdutivos; não matamos homossexuais porque esses não contribuem para a reprodução da espécie; não matamos doentes porque estes estão debilitados, e, quando o fazemos, horrorizamo-nos. Sentimo-nos desprovidos de humanidade. É o caso dos campos de concentração. A natureza – relação de forças entre agentes sociais interessados – selecionou a moral: um certo tipo de comportamento altruísta[89].

No entanto, ainda nessa perspectiva seletiva, tampouco somos autorizados a fazer apologia da generosidade, do amor, da compaixão, da coragem. Afinal, somos egoístas, invejosos, covardes. Isso indicaria que essas inclinações são, de certa forma, necessárias à sobrevivência. Mas a questão vai além: o fato de buscarmos adaptação e sobrevivência não se constitui em critério de atribuição de valor à ação humana. Aquele que age para salvar vida alheia ciente dos riscos da própria morte não pode ser condenado por erro de adaptação. Da mesma forma, o argumento que condena a prática homossexual por infertilidade – a humanidade deixaria de exisitir – deveria

---

89. O que evidentemente representa uma vantagem seletiva, um grupo que abriga em seu interior um afeto de ódio mútuo, assim como um grupo que não tem pelas novas gerações um afeto de carinho, tem obviamente diminuídas suas probabilidades de se perpetuar.

condenar com igual veemência a castidade e erigir em triunfo moral um estuprador que engravida sua vítima.

A moral, assim, é, como vimos, um valor que atribuímos à nossa própria ação, e que não pode ter como fundamento outra coisa que não ela mesma. A verdade, por outro lado, é o próprio real, em sua indiferença. A moral só pode estar, portanto, no campo do sentido. Ela está fora do mundo[90]. A boa ação é aquela que idealizamos como boa. A má, que idealizamos como má. O estupro nele mesmo não é nada. O que não o impede de ser para nós. Repulsivo, para o estuprado; desejado, pelo estuprador.

A moral se distancia da ética, justamente, porque, sendo um dever, refere-se a um sistema ideal de condutas que dá ao mundo, ou melhor, às nossas próprias ações, um valor antes inexistente. A moral é uma exigência que nasce de nossa fraqueza. Se fôssemos sempre virtuosos, se amássemos sempre a todos, dela não precisaríamos. Mas é justamente porque não somos capazes disso, que ela é necessária. A moral, longe de exprimir nossa perfeição, exprime nossa impotência. Supõe, de certa forma, a experiência do mal e sua lembrança. Por isso é uma tristeza. Fraqueza do homem: precisamos da moral. Mas, por outro lado, também revela nosso desejo de abandonar a barbárie. Nossa busca pelo melhor. Pela alegria. Nesse sentido, ela pressupõe a experiência do bem. Por isso é também uma alegria. Virtude do homem: somos capazes de possuir uma moral.

A ética, por sua vez, limita-se ao desejo e a seu silêncio. Confunde-se com a própria liberdade humana, com a potência que nos mantém existentes[91]. Com a própria felicidade[92]. Eis sua força. Eis

---

90. "A moral relaciona sempre a existência a valores transcendentes" (Deleuze, G. *Spinoza – Philosophie pratique*. Paris, Minuit, 1981, p. 29).

91. Observemos que o que, aqui, chamamos de ética é muito próximo daquilo que Bergson denomina moral dinâmica "que é *élan* e que tem sua origem na vida em geral, criadora da natureza, que criou a exigência social". O autor contrapõe essa moral dinâmica a uma outra, "estática, que existe num momento dado e numa determinada sociedade. Esta última se fixa nos costumes, nas idéias, nas instituições. Seu caráter obrigatório se justifica, em última análise, pela exigência, pela natureza da vida em comum" (Bergson. *Les deux sources de la morale et de la religion*. Paris, Du Centenaire/PUF, 1970, p. 1204).

92. Tomamos ética por etologia, estudo dos afetos de que somos capazes – mesmo sentido que Espinosa dá à palavra. Assim, a ética, ao invés de censurar o homem e seus vícios, limita-se a demonstrar as causas de nossas paixões e a desarticular o sistema do julgamento (bem/mal). Com isso, acaba por denunciar tudo o que nos separa da vida. Nesse sentido ela é "necessariamente uma ética da alegria: somente a alegria é válida, só a alegria permanece e nos aproxima da ação e da beatitude da ação" (Deleuze, G. *Spinoza – Philosophie pratique*. Paris, Minuit, 1981, p. 34).

onde supera a moral: "Nenhum imperativo seria capaz de mandar amar"[93]. A ética, longe de abolir a moral, a consuma, e por isso nos liberta dela. Deixamos de agir como se amássemos e passamos a amar. A ética exclui o dever não porque o transgride. Torturar o inimigo seria ceder ao ódio, à tristeza, às nossas fraquezas. Exclui o dever porque afirma a potência. O amor. Por ele nos libertamos de nossos imperativos, de nossas leis interiorizadas. A ética afirma o dever pelo amor. Tão difícil quanto raro. Ante a sua impossibilidade, a moral. Quando o amor não é ou não basta, o dever. Tão inexorável – já que fácil o dever moral não é para ninguém – quanto onipresente.

É porque quase nunca amamos verdadeiramente que precisamos de princípios. Mas de onde vêm esses princípios? Nascemos com eles? Questão de sangue? Será? Polidez: começo de tudo. Simulacro da moral. Casca da virtude. Na infância: só pulsões. Nem anjinhos, nem monstrinhos. Precisamos ser educados[94]. A virtude se aprende. Imita-se. Kant aqui tem razão: "As virtudes, das quais por muito tempo os homens só tomam a aparência concertada, despertam pouco a pouco e incorporam-se a seus modos"[95]. Mas não podemos esquecer que ela é ainda um papel. Virtude de aparência. No entanto, só por ela a moral é possível. Caso contrário, seria necessário já ser virtuoso para poder torná-lo a ser. Qualquer tentativa de transformação, de mudança, estaria fadada ao fracasso. Império do imóvel. Império do maniqueísmo. O bom já é bom e continuará a sê-lo. O mau permanecerá em sua maldade para sempre. Sem meios-termos. Nenhum esforço mudará o imutável. Paraíso da dicotomia: virtuosos x viciados. Só pela polidez a moral se constitui. Ela é primeira. "O homem só pode transformar-se em homem pela educação"[96]. A polidez é quase nada, mas permite tanto...

Mas, e quando estamos livres do olhar bisbilhoteiro do outro? Somos adultos. Estamos muitas vezes sós. Nós com nós mesmos. Ninguém para dizer "não pode!" Então, cabe somente a nós dizer: "não!", "Isso jamais!" Livre-arbítrio? Nunca. Não cedemos a ilusões

---

93. Comte-Sponville, A. *Traitè du désepoir de la béatitude – Tome 2, Vivre*. Paris, PUF, 1988, p. 166.

94. Observemos que os gregos destacavam a relevância da educação. "Aristóteles acredita que qualquer homem possui naturalmente os traços característicos de cada uma das virtudes morais, sendo naturalmente inclinado para a temperança, a coragem e a bondade. Estas virtudes naturais só se transformam em verdadeiras virtudes morais quando a educação as penetrar de razão" (Ramiro, M. *O livro das virtudes de sempre*. Porto, Asa II, 2001, p. 36).

95. Kant. *Anthropologie du point de vue pragmatique*. Pár. 14. Paris, Vrin, 1979, p. 35.

96. Kant. *Réflexion sur l'educaction*. Paris, Vrin, 1980, p. 73.

fáceis. Não escolhemos a própria vontade. O próprio querer. Se queremos algo, só poderíamos querê-lo. Necessidade de tudo que é. Fatalismo, então? De maneira alguma. Solução preguiçosa. Nem passado, nem futuro determinam o presente, como vimos. Não há pré-decisão, tampouco predeterminação. Somente um querer em ato.

E isso somos nós mesmos. Ninguém pode ser esse querer em nosso lugar. Ninguém pode julgar em nosso lugar. Nossa virtude depende de nós. Não escapamos dessa verdade. Solidão do ser, solidão da moral. Autonomia do ser, grandeza da moral. Cabe somente a nós condenar o mal que desejamos aos nossos inimigos, nosso desejo de vingança no silêncio, na intimidade. Isso é a moral de que falamos. Sozinhos com nossas exigências universais. E universalmente sós.

A solidão é nossa condição. Um fato. Também um fardo. Não é necessário ser filósofo para conhecer essas verdades. Basta viver. Ninguém pode viver em meu lugar. Nem morrer. Meu sorriso é meu, somente meu. Assim como meu choro. Meu tédio. Minhas ilusões. Meu desespero. Meu desejo de existir. Ninguém desejará por mim. Se lutarem pela minha existência, é pela preservação de outra. O mesmo se aplica a mim. Se luto pelo meu amor, é por mim. Se quero morrer por ele, também. Verdade da solidão: *conatus* é a regra. Verdade do *conatus*: o outro não vive meu desejo. Verdade de Pascal: morreremos sós. Se nossa natureza é só, por que tememos a solidão?

"Nascemos na angústia, morremos na angústia. Entre os dois, o medo quase não nos deixa. O que mais angustiante do que viver?"[97] A angústia é parte de nossa vida, abre-nos para o possível, para o futuro incerto e para o passado desconhecido. Para o que não tem ser. Para o que já foi ou ainda não foi. Pura imaginação. Pura contingência. Nós com nós mesmos. Com nossa impotência. Que nos corrói. Que sentimos com toda a sua força. Nenhum ansiolítico basta! Angústia: "a ponta mais fina, mais refinada, do medo"[98]. Que se, por um lado, é uma vantagem seletiva evidente, por outro, é uma tristeza, um apequenamento de nosso ser. A angústia é o medo sem objeto. *Bad trip*. Medo do medo. Medo imaginário, mas real. Por isso, toda angústia é de morte. "O que mais imaginário do que ela? O que mais real, contudo?"[99].

---

[97]. Comte-Sponville, A. *Impromptus*. Paris, PUF, 1996, p. 9.
[98]. *Ibid.*, p. 12.
[99]. *Ibid.*, p. 14.

É a morte que tememos. Melhor ainda, já que a morte nada é. Tememos a morte violenta, como notou Hobbes. A morte lenta, basta perguntar a um doente terminal. "O alto celestial que nos vigia, o baixo infernal que nos espia"[100], compareça a uma missa. A dor. O sofrimento. A ira do amigo. A doçura do inimigo. A discórdia. A frustração. A perda. O silêncio. O grito. A loucura. O efêmero. O definitivo. O para sempre. O nunca mais. A ameaça. A contingência. A necessidade. O mundo hostil. Seus remédios. Sua falta. Temos medo do que nos agride. Do que diminui. Medo da vida. Medo do que é. Por isso precisamos de proteção. Desejamos o outro. Seu amor. A união. Por isso, tememos o isolamento. "O difícil mesmo é ser só. Sem Deus. Sem amigos. Sem amores"[101].

Medo do isolamento, portanto. Em qualquer ato na existência. Em qualquer manifestação. Em toda opinião. Vamos discutir o silêncio dos vivos, o silêncio como censura incorporada, como manifestação do medo diante da opinião dominante. Para isso, apresentamos uma pesquisa realizada junto a diversas escolas de ensino médio, sobre a recepção dos alunos ao anúncio do refrigerante Sukita. No caso, as manifestações – de natureza moralista – dos alunos tiveram por objeto uma abordagem erótico-afetiva em um elevador. A construção de um juízo moral legítimo no interior da sala de aula se deu ao preço de não-falas, de silêncios discordantes.

O silêncio e a opinião: a socialização escolar

A despeito do espaço que os meios de comunicação ocupam na experiência de qualquer aluno, a mídia ainda não está integrada à grade curricular das escolas. A dificuldade reside em inserir, na educação formal, um objeto de estudo que rivaliza com a escola pelo monopólio tendencial da produção legítima de sentido, da interpretação socialmente aceita do real.

Reside também no fato de que o currículo escolar não se resume num acervo de conteúdos de saber. A grade curricular dá fundamento a um conjunto de esquemas sociais ligados à organização da sociedade e às suas necessidades (Durkheim), determinando a organização legítima do tempo e do espaço e facultando a "racionalidade econômica e a racionalidade política"[102].

---

100. Chauí, M. Sobre o medo. In: Novaes, A. (org.). Os sentidos da paixão. São Paulo, Companhia das Letras, 1987, p. 35.
101. Comte-Sponville, A. Traité du désepoir de la béatitude. Paris, PUF, 1988, p. 19.
102. Verret, M. Le temps des études. Paris, H. Campion, 1975.

Dessa forma, a escola, através de seus conteúdos curriculares, participa do controle coletivo[103], definindo a representação socialmente dominante de inteligência e divisão do trabalho. Essas prerrogativas, no entanto, dependem da legitimidade da instituição escolar, isto é, da indiscutibilidade da competência social que lhe é conferida para assegurar um determinado tipo de aprendizado social[104].

A perda progressiva dessa legitimidade institucional ensejou dúvida sobre os conteúdos curriculares e sobre o monopólio escolar de sua elaboração. A erosão desse reconhecimento social se traduziu, nas salas de aula, por reações dos alunos às regras disciplinares, conteúdos e atividades pedagógicas consideradas impertinentes.

Se em algum momento da história da instituição escolar o que era ensinado em sala de aula, por sê-lo, justificava seu aprendizado, hoje, o aluno recebe, avalia e julga a mensagem pedagógica em função, sobretudo, de referenciais interiorizados alhures, ou seja, regras e critérios definidos por instâncias de socialização paraescolares.

Além desses referenciais, o conhecimento anterior, construído em educação formal ou não, revela-se como variável essencial desse julgamento, bem como da compreensão da mensagem. Assim, "a relação das informações novas com as informações antigas é acompanhada de operações de tratamento – tais como a seleção, a categorização, a transformação, o ordenamento das informações –, operações tanto mais custosas quanto mais pobre for a base cognitiva"[105].

Dessa forma, a identificação dos referenciais cognitivos, avaliativos e afetivos, comuns aos alunos, e a definição de um repertório presumido específico ao universo escolar considerado deve ser exigência primeira da atividade docente. Nesse momento, a mídia aparece como objeto de estudo privilegiado.

A pesquisa que empreendemos durante o primeiro semestre de 2001 teve como objeto as percepções[106] de mensagem publicitária

---

103. Vincent, G. *L'école primaire française*. Lyon, PUL, 1980.
104. Sobre a interiorização da "ordem das coisas" através da organização curricular, ler Grignol, C. *L'ordre des choses*. Paris, Minuit, 1971.
105. Foulin, J.-N. & Mouchon, S. *Psychologie de l'éducation*. Paris, Nathan, 1998, p. 24.
106. Como observa Teotônio Simões, "assim como uma pessoa faz parte da obra, recriando-a, um telespectador também recria um comercial. E as pesquisas estão aí para comprovar o fato de que muitas vezes as pessoas 'entendem' de forma diferente uma mesma peça publicitária" (Publicidade e reflexão. *In: Revista da ESPM*, vol. 3, n. 1, 1996, p. 64).

(refrigerante Sukita) por alunos de segundo ano do ensino médio[107] durante exposição e debate em sala de aula[108]. Esse estudo tinha como objetivo primeiro a verificação da pertinência do uso de uma publicidade como suporte pedagógico para discussão de um tema transversal.

A opção pela publicidade como objeto de pesquisa em comunicação e educação se deve, de um lado, à óbvia relevância da mesma como produto da indústria cultural veiculado pela mídia e, de outro, ao relativo ineditismo de uma pesquisa com esse objeto na área de comunicação e educação[109]. Assim, o "preconceito" em relação a uma abordagem científica do fenômeno da publicidade[110] e a crença do senso comum em seus efeitos incontroláveis de persuasão e manipulação denunciam a relevância científica de uma pesquisa sobre publicidade na linha de comunicação e educação.

Elencamos, abaixo, as escolas visitadas[111], bem como as datas das coletas de dados:

Colégio Sion – 19/03/2001 (São Paulo)

Colégio Canadá – 18/04/2001 (Santos)

Colégio Senai – 10/04/2001 (Santos)

Instituto Adventista de Ensino – 12/04/2001 (São Paulo)

Escola Espiritualista Ordem e Progresso – 17/04/2001 (Santos)

Colégio Presidente Kennedy – 10/04/2001 (Santos)

Colégio Treinasse – 16/04/2001 (Santos)

Colégio Leão XIII – 11/09/2001

Ateneu Santista – 09/04/2001 (Santos)

---

107. A opção por este nível da hierarquia escolar (segundo ano do ensino médio) ateve-se à busca do máximo de maturidade presumida, e ao obstáculo prático da preparação para o vestibular dos alunos de terceiro ano.

108. Para maiores esclarecimentos a respeito das implicações metodológicas de definição de objeto em pesquisa qualitativa sobre produtos da mídia, ler Altheide, D.L. *Qualitative media analysis*. Thousand Oaks, Sage, 1996.

109. Na área de comunicação e educação, os objetos mais freqüentes de estudo são relacionados à produção ficcional seriada. Sobre a abordagem curricular da propaganda, ler o artigo de Cláudia Lukianchuki, Discurso da propaganda e diretrizes curriculares. *In: Comunicação e educação*, n. 17, p. 16-28.

110. Sobre este "preconceito", ler a Introdução de *Sociologia da publicidade*, de Georges Lagneau, São Paulo, Cultrix/Edusp, 1981.

111. A escolha das escolas procurou contemplar os critérios laico/religioso, público/privado e políticas pedagógicas distintas dentro dos critérios acima.

Colégio Santa Cecília – 11/04/2001 (Santos)
Colégio Novo Milênio – 20/04/2001 (Vitória)

A peça publicitária televisiva escolhida tem como produto o refrigerante Sukita. A cena exibida transcorre integralmente num elevador, com dois personagens: um homem e uma mulher, esta última aparentando bem menos idade. O primeiro carrega um saco de laranjas, enquanto a segunda toma o refrigerante. Depois de deter o fechamento da porta, permitindo a entrada da mulher, o homem toma a iniciativa do diálogo. Comenta sobre a temperatura ("tá quente aqui"), sendo respondido laconicamente com uma interjeição confirmatória. Na seqüência, pergunta se a interlocutora mora há muito tempo no prédio. Obtém resposta idêntica. Numa terceira iniciativa indaga: "Tá gostosa a Sukita?" Obtém pela terceira vez a mesma resposta. No momento em que parecia propor uma quarta questão, foi abruptamente interrompido com a frase: "Tio, aperta o vinte". Neste momento o ruído da lata indica que o refrigerante terminou e ouve-se o *slogan*: "Quem toma Sukita não engole qualquer coisa".

Esta peça está discriminada no Anuário do Clube de Criação, foi objeto de discussão na agenda pública e encerra um modelo de relação afetiva, em função do qual a abordagem exibida dentro do elevador foi deslegitimada. Esses fatores favoreceram um engajamento imediato na discussão de todos os universos amostrais pesquisados, justificando assim a escolha.

A verificação, através da pesquisa, da pertinência ou não do uso desta publicidade como suporte pedagógico se dá pelo contraste dos resultados obtidos em duas situações distintas de pesquisa. Na sua primeira fase, o aluno é estimulado a falar o que pensa da publicidade da forma mais livre possível. Os limites dessa possibilidade são dados pelas condições materiais de elaboração discursiva próprias ao quadro da pesquisa.

Nesta fase, foram condições materiais determinantes aos discursos do aluno, de um lado, a presença dos pesquisadores e dos instrumentos de pesquisa (gravador, televisão, vídeo, papel para anotações) e, de outro, a dos colegas em sala de aula, num espaço destinado à educação formal.

A proposta pedagógica apresentada procurava, nessa primeira fase da pesquisa, identificar a adesão do aluno pesquisado ao modelo de casal implicitamente proposto pela peça publicitária. Esse grau de adesão foi estudado em função das variáveis: sexo, escola, momento de intervenção no debate, estrutura e léxico do discurso.

Na segunda fase da pesquisa, o discurso dos alunos, registrado e analisado, foi antecedido de intervenção por parte do pesquisador. Esta intervenção questionava o modelo de casal proposto pela publicidade e a desautorização da abordagem do elevador. O objetivo foi avaliar o efeito deste questionamento nos discursos que se seguiram.

Método

O aluno do segundo ano do ensino médio, pertencente aos nossos universos amostrais[112], manifestou-se verbalmente, através de um debate realizado em sua sala de aula e, por escrito, em casa, em redação solicitada pelo coordenador do curso. A manifestação verbal foi registrada de duas formas: gravação (discursos enunciados publicamente) e conversas interpessoais registradas por escrito por um dos pesquisadores espalhados pela classe.

O debate realizou-se, sempre, na sala de aula do aluno, isto é, no seu habitat pedagógico. Desta forma, os alunos não foram deslocados para a realização da pesquisa. Os instrumentos necessários, como televisão e vídeo, foram trazidos para a sala de aula. Esta precaução metodológica visava reduzir a artificialidade do discurso pedagógico e aumentar as garantias simbólicas securitárias do aluno[113].

Após uma exposição por duas vezes da peça publicitária[114], o debate era sugerido por intermédio da pergunta: "O que vocês acharam da publicidade? Podem falar numa boa. O objetivo da pesquisa é saber o que você realmente pensa, sem muitas preocupações com acertos e erros"[115]. Assim, toda a explicação dos procedimentos da pesquisa foi feita tentando a aproximação léxica e de estilo com o discurso dos alunos. Saliente-se que a cordialidade, o engajamento

---

112. Sobre a definição da amostra e o princípio da amostragem, ler: Babbie, E. *Survey research methods*. Belmont, Wadsworth, 1990. – Kish, L. *Survey sampling*. New York, Jonh Wiley & Sons, 1965. – Raj, D. *The design of sample surveys*. New York, McGraw, 1972.

113. A abordagem qualitativa empregada nesta pesquisa repousa nas bases operacionais da *Grounded Theory*. Para um aprofundamento desta proposta metodológica, ler Chenitz, W.C. & Swanson, J. Qualitative research using grounded theory. *In*: Chenitz W.C. & Swanson, J. *From practice to grounded theory*. Menlo Park, Addison-Wesley, 1986, p. 91-101.

114. A exibição da peça por duas vezes foi decidida desde a primeira escola visitada em função da relativa desatenção dos alunos durante a primeira exibição.

115. A pergunta "O que vocês acharam da..." , inscreve-se no quadro técnico de pesquisas semi-estruturadas como "Tell me about..." ou "What do (did) you think about ...?", indicado por Belenky, M.F. *et al. Women's ways of knowing: the development of self, voice and mind*. New York, Basic Books, 1986.

com a proposta e o respeito dos procedimentos do debate foram observados em todos os universos pesquisados.

Os discursos foram registrados em dois gravadores portáteis[116]. O aluno que desejasse falar manifestava-se através de um aceno de braço e um dos pesquisadores se deslocava até o local onde ele estava sentado. O uso de dois gravadores, encurtando os deslocamentos do pesquisador, justificou-se em função da tentativa de redução do tempo entre a manifestação do aluno e o registro do seu discurso. Quando dois ou mais alunos levantavam a mão, eram convidados jovialmente a aguardar a sua vez. "Segura aí, meu, que eu já tô chegando". Ou: "Pessoal, se liga que não dá pra falar todo mundo junto". As intervenções foram transcritas literalmente. Manifestações sonoras não-verbais como risos, assovios e gritos pelo gravador, também foram indicadas no texto.

Análise dos dados

A metodologia qualitativa empregada levou-nos a um enfoque indutivo de análise dos dados. Sem partir de hipóteses estabelecidas *a priori*, não tínhamos por que buscar dados ou evidências que as confirmassem ou as negassem. Tomamos, como ponto de partida, focos de interesse amplos como o uso da mídia em sala de aula, a reação a uma mensagem publicitária como objeto de discussão pedagógica e a pertinência do uso desta mensagem como suporte pedagógico para discussão de temas transversais em sala de aula.

A análise que propomos neste trabalho não constitui a última etapa da pesquisa. Ela foi sendo construída ao longo da coleta de dados. Assim, cada escola visitada ensejava uma transcrição e exame dos discursos registrados. As intervenções dos alunos foram sendo agrupadas ao longo de cada coleta[117]. Os critérios dessa aproximação converteram-se em categorias de análise[118]. Observe-se que es-

---

116. Sobre as técnicas de registro em ciências sociais, ler Queiroz, M.I.P. *Variações sobre a técnica de gravador no registro de informação viva*. São Paulo, T.A. Queiroz, 1991.
117. Comenta Arilda S. Godoy que "as abstrações são construídas a partir dos dados, num processo de baixo para cima". Introdução à pesquisa qualitativa e suas possibilidades. *In: Revista de Administração de Empresas*, vol. 35, n. 2, p. 57-63. São Paulo, FGV.
118. Como observa Renata Tesch, "quando se concentram em descrição, as categorias são usadas para descobrir as comunalidades ou os constituintes de um fenômeno". *In: Qualitative research: analysis types and sotftware tools*. New York, The Falmer Press, 1990, p. 73.

sas categorias, que permitiram a classificação de todas as intervenções ao longo da pesquisa, foram identificadas desde a análise de dados coletados na primeira escola visitada (Colégio Sion)[119].

As intervenções dos alunos foram classificadas, inicialmente, em função da sua incidência, em "opinião dominante" e "opinião dominada". A dominante desautoriza a abordagem do homem no elevador enquanto que a opinião dominada, embora reconheça a existência de um modelo socialmente aceito e esperado de relação afetiva, admite a contingência, isto é, a possibilidade de outros modelos sem condenação moral. Dentro da categoria "opinião dominante", discriminamos quatro subcategorias: a primeira delas reúne as intervenções que relacionam diretamente o consumo com a categoria social "velho"; a segunda reúne as intervenções que relacionam outros comportamentos com a "velhice"; a terceira, o capital estético com a "velhice" e a quarta, o capital econômico com a "velhice".

As unidades de intervenção dos alunos, classificadas em função das categorias citadas, eram identificadas por três informações suplementares: o sexo do aluno, a escola em que estuda e o momento da interferência no debate. Este momento foi objetivado pela identificação da ordem de intervenção (do primeiro aluno a se manifestar, segundo, terceiro, até o último).

Como o nosso principal objetivo era analisar a pertinência do uso da publicidade para a discussão do tema, bem como o papel do professor na condução do debate, apresentaremos os resultados em função da intervenção do professor. Num primeiro momento, são analisadas as manifestações dos alunos anteriores a esta intervenção e, num segundo momento, as posteriores.

"Velhice" e "juventude" são categorias sociais, isto é, suas fronteiras constituem objeto de luta em cada universo social. Dessa forma, essas categorias não são dadas (necessárias ou da natureza das coisas), mas são construídas socialmente.

A relação entre idade social e idade cronológica é complexa. Cada campo social tem suas regras próprias de envelhecimento. Entendemos esse campo social como um espaço de posições sociais que se definem umas em relação às outras. Essa interdependência de po-

---

119. A análise dos dados coletados nas outras dez escolas confirmaram a pertinência das categorias propostas. Assim, os dados coletados nestas escolas não justificaram, em momento algum, a criação de uma nova categoria. Por isso, qualquer novo dado coletado foi transcrito e imediatamente classificado em função dessas categorias.

sições e distâncias entre essas mesmas posições autoriza-nos a pensar um espaço social dentro da lógica sistêmica. Assim, enquanto sistema de posições sociais definidas reflexivamente[120], todo espaço social pressupõe posições complementares: comandantes e comandados, vedetes e obscuros, vencedores e derrotados, ricos e pobres e, também, "jovens e velhos". Daí, afinando a análise, podemos concluir que um espaço social é um sistema de diferenças, um sistema de posições que se definem pela sua própria oposição, como os pontos cardeais se definem em relação aos seus opostos.

As fronteiras simbólicas que separam categorias sociais como "jovens" e "velhos" são interiorizadas reflexivamente. Neste sentido, mensagens que apresentam representantes categoriais devidamente contrastados em relação a seus referenciais são mais imediatamente percebidas[121]. É o caso da publicidade, objeto de nossa pesquisa[122]. A indignação da abordagem do elevador advém do contraste e não desta ou daquela idade presumida substancialmente.

As oposições consagradas terminam por parecer inscritas na natureza das coisas. No entanto, qualquer exame crítico, ainda que superficial, sobretudo se armado com o conceito de *campo*, leva-nos a descobrir que, com muita freqüência, cada uma das oposições não tem nenhum conteúdo fora da relação com a posição antagônica, em relação à qual ela, em muitos casos, só representa a inversão racionalizada. É o caso de numerosas oposições que estão em vigor hoje nas ciências sociais: indivíduo e sociedade, consentimento e conflito, consenso e coação. De maneira mais evidente ainda as divisões em "escola", "movimentos" ou "correntes": "estruturalismo" e "construtivismo", "modernismo" e "pós-modernismo", tantos rótulos com aparência conceitual, mas sem autonomia em relação a seus opostos[123].

---

120. Sobre o conceito de espaço social como sistema, ler Accardo, A. *Introduction à une sociologie critique*. Bordeaux, Le Mascaret, 1997, p. 44.
121. Como observa Nelly de Camargo, "a mensagem publicitária recorre com freqüência a pares de antônimos para causar impacto e ressaltar o valor do objeto". O léxico da publicidade. *In: Revista da Intercom*, XVIII, n. 1, 1995, p. 16.
122. Uma abordagem crítica aos efeitos persuasivos da publicidade é proposta por Jean Baudrillard em Significação da publicidade. *In*: Lima, L.C. *Teorias da comunicação de massa*. São Paulo, Paz e Terra, 1990, p. 291-299. Para uma sistematização das abordagens críticas à publicidade, ler o capítulo Criticisms of advertising. *In*: Leiss, W. & Jhally, S. *Social communication in advertising*. London, Routledge, 1997, p. 15-33.
123. Bourdieu, P. *Méditations pascaliennes*. Paris, Seuil, 1997, p. 121.

Esse ponto de vista relacional permite corrigir equívocos nominalistas que fazem crer na existência de uma posição social (um papel, um posto, uma função, um cargo, etc.) por ela mesma, independentemente das posições que lhe são complementares e que definem reflexivamente seus limites no espaço. Esse nominalismo essencialista também cristaliza as posições sociais em função da permanência de suas nominações. Assim, a alcunha de diretor definiria uma posição social independentemente da relação de forças a que se submete o circunstancial ocupante deste posto e que define a permanente redistribuição do poder no espaço, isto é, do capital específico em circulação. É a concentração e a escassez deste capital específico que permite a avaliação das distâncias sociais no interior de cada campo social.

Dessa forma, toda iniciativa de classificação social por idade, envolvendo essas categorias, representa um golpe de violência que se inscreve neste quadro de luta com graus distintos de oficialidade. A idade é um dado biológico socialmente manipulado e manipulável. As pesquisas de marketing e de opinião pública em geral, os cadastros públicos e privados são exemplos dessa permanente tentativa, socialmente interessada, de tornar cronológico um critério que distingue categorias referenciais, autopoiéticas, isto é, que só podem existir uma em relação à outra.

A publicidade participa desta luta social, historicamente constituída, pela definição legítima do "jovem" e do "velho", impondo como critério o consumo. Uma breve análise histórica nos permite constatar que as fronteiras da juventude e da velhice nem sempre foram definidas em função dos mesmos critérios.

Assim, Skinner observa que no século XVI, em Florença, o critério de distinção legítimo entre "jovens" e "velhos" era a virilidade, a capacidade de agir violentamente. Dessa forma, os velhos reservavam para si a sabedoria, decorrente de uma trajetória de vida mais longa e, portanto, o poder decisório na cidade[124]. Na Idade Média, George Duby mostra como os limites da juventude eram manipulados pelos detentores do patrimônio para que os jovens permanecessem em estado de irresponsabilidade e não pretendessem, assim, a sucessão e o acesso à herança[125].

---

124. Skinner, Q. *Fundamentos da filosofia política*. São Paulo, Companhia das Letras, 2000.
125. Duby, G. *L'Europe au Moyen-âge*. Paris, Flammarion, 1984.

Ao participar da luta social pela categorização, nomeação e discriminação dos fenômenos, a publicidade também participa dos múltiplos e contraditórios mecanismos de definição social da realidade. Ao propor e impor formas particulares de visão e de divisão do mundo, a publicidade age por golpes ininterruptos de violências simbólicas, oferecendo à sua audiência significados interligados, caminhos de sentido que, sem dúvida, facilitam ou, por vezes, possibilitam a atribuição de algum sentido ao real. A eventual identificação, por parte do aluno, deste efeito da mensagem publicitária, constitui-se em indagação primária de nossa pesquisa.

A análise das categorias propostas permite-nos concluir que o aluno, espontaneamente, associou um determinado comportamento de consumo à categoria social do "velho" e outro tipo de "consumo" à categoria social da "jovem". Assim, intervenções como "O cara era tão velho que ainda tomava suco de laranja. Hoje em dia já tem um monte de refrigerante. Ele ainda toma suco de laranja em vez de tomar Sukita" (Escola Treinasse); "Ele com a laranja mostra que está mais velho, ultrapassado, e ela com a Sukita já é a nova" (Colégio Leão XIII); "O comercial tá querendo dizer que laranja é coisa pra velho. Quem quiser agora toma Sukita, não uma laranja" (Colégio Leão XIII); "Bebe Sukita e você vai ser gostosa, e tome laranja, você vai ser um velho babão quando você crescer" (Colégio Sion) são reveladoras dessa associação.

A aproximação das categorias "velho" e "jovem" a um certo consumo vem acompanhada de associações subsidiárias como o capital estético dos protagonistas. Algumas intervenções são contundentes e reveladoras: "O bagulho feião. O bagulho de velho mesmo" (Leão XIII); "E a carinha do velho, cheia de pé-de-galinha" (Colégio Canadá); "Se o cara fosse o Raí e estivesse segurando um saco de laranja, com certeza ela daria bola" (Leão XIII); "Eu acho que não tinha nada a ver com a idade. Era o cara mesmo. Se fosse um coroa bonitão, sei lá... Ela podia até ouvir" (Colégio Presidente Kennedy).

Além do capital estético, também o capital econômico foi destacado como elemento de definição categorial. Assim, as aspirações de gerações sucessivas são constituídas em relação a estados diferentes da estrutura da distribuição dos bens e das chances de obter esses diferentes bens: o que para os pais era um privilégio extraordinário tornou-se, estatisticamente, banal. Dessa forma, muitos conflitos entre gerações são sistemas de aspirações constituídos em idades diferentes.

Algumas intervenções exemplificam essa associação. Destacamos alguns exemplos: "E no caso do empresário Roberto Justus? Ele é atualizado, é rico e é empresário" (Colégio Canadá); "As meninas estão atrás de velho rico" (Colégio Canadá); "Se o cara chega com uma Ferrrari, vamos ver se ela não ia dar bola para ele" (Colégio Leão XIII); "E tem muito velho rico desfilando com carro importado do ano, uma puta loira do lado. Só que na hora do vamos ver, não levanta nem..." (Colégio Canadá); "Um mendigo pode ter um papo até a ponta do dedão do pé dele, mas ele não cata ninguém" (Colégio Canadá); "Eu acho que por ele ser mais velho, ele deve ter uma conta meio gordinha, e ela deve ter se interessado" (Instituto Adventista de Ensino – IAE).

A associação do consumo com as categorias "velho" e "jovem" não esgota a análise da ação na peça publicitária proposta. Assim, outros elementos comportamentais são destacados como distintivos dessas categorias: "Quanto mais velho, mais idiota" (IAE); "As meninas podem até ficar com medo dos velhos com esse comercial" (Ateneu Santista); "O velho foi safado e ela entrou provocando com o canudinho" (Colégio Canadá); "Aquele sorrisinho sarcástico de velho, sadomasoquista" (Colégio Canadá); "Se fosse uma velha de 70 anos, toda caída, ele não ia querer fazer isso com ela, ou ia?" (Colégio Canadá); "A menina maior inocente e o tiozinho, maior pedófilo" (IAE); "Tem velho que é tarado assim. Eles são convencidos" (IAE); "Ele tem que ficar com as mulheres da idade dele, tem que ser casado" (IAE).

Se as intervenções condenatórias da abordagem no elevador tiveram maior incidência ("opinião dominante"), alguns alunos dos mesmos universos amostrais entrevistados manifestaram-se contrariamente ("opinião dominada"). A incidência destas intervenções que, de alguma forma, contestaram a representação definida pela peça publicitária, concentrou-se no segmento masculino do universo amostral. Isso se deve, em parte, a um processo de transferência psicológica de identificação[126] com as personagens da trama que se verificou tanto do lado das alunas em relação à "jovem" como do lado dos alunos, em menor escala, em relação ao homem.

---

126. "A identificação produz-se quando o espectador assume emotivamente o ponto de um personagem, ao considerá-lo um reflexo da sua própria situação de vida ou de seus sonhos e idéias" (Ferrer, J. *A televisão e a escola*. Porto Alegre, Artes Médicas, 1996, p. 36).

Assim, a imigração mental do mundo da sala de aula para o elevador da cena exibida (uma outra intriga com outros personagens num outro contexto e num outro cenário) requer implicação, empatia e identificação. Separação com o mundo real, a evasão proporcionada pela recepção da publicidade é, na verdade, uma inserção no "mundo da trama", uma identificação com os personagens. É por isso que o divertimento requer, se não a concordância, pelo menos um acordo entre os esquemas de percepção que organizam o mundo da trama (os esquemas de interpretação e de ação dos personagens) e os do receptor.

Esse processo psicológico de identificação é claramente objetivado em algumas das declarações registradas: "Imagina um cara destes tentando me agarrar no elevador. Que nojo!" (Colégio Sion); "Se eu levasse uma cantada que nem a desse homem, eu faria a mesma coisa. Poxa, já pensou eu dentro de um elevador sozinha e vem um indivíduo como este tentar me agarrar?" (Escola Espiritualista Ordem e Progresso); "Quando eu tiver a idade dele também vou fazer isso. Mas vou conseguir a menina" (Colégio Canadá); "Tinha que colocar eu para fazer esse comercial e não ele" (Senai).

As intervenções integrantes da categoria "opinião dominada", além de se concentrarem no segmento masculino da amostra, também foram prioritariamente enunciadas nos primeiros momentos dos debates. Assim, quase todas ocorreram entre as cinco primeiras manifestações registradas em cada debate.

Isto é, à medida que se definia o "clima de opinião" na classe, as intervenções desviantes tendiam a rarear. Por isso, quanto mais nítida era a opinião da maioria, menos provável era uma intervenção no sentido contrário. Esse fenômeno já fora denunciado pela pesquisadora Elisabeth Neumann no modelo da "Espiral do silêncio"[127]. O desconforto psicológico decorrente do ônus social de assumir publicamente uma opinião minoritária acarreta uma tendência estatística ao silêncio em meio aos partidários desta opinião. Ora, se a opinião já era minoritária, esse silêncio de uma parcela significativa de seus defensores a torna ainda mais minoritária. Esta perspectiva progressiva, também constatada em nossa pesquisa, justifica o nome dado pela pesquisadora: "espiral".

---

127. Noëlle-Neumann, E. The spiral of silence: a theory of public opinion. *In: Journal of Communication*, vol. 24, 1974, p. 43-51.

Selecionamos algumas intervenções inscritas na categoria "opinião dominada", ou seja, que espontaneamente criticaram o modelo de casal implicitamente sustentado pela peça publicitária: "O amor não tem idade. Não tem nada a ver" (IAE); "Eu não tenho preconceito nenhum entre uma mulher mais velha namorar um cara mais novo, se alguma de vocês estiver a fim..." (Colégio Treinasse); "O senso comum é uma pessoa nova com uma pessoa nova. É o que a sociedade impõe" (Colégio Presidente Kennedy); "As mulheres mais velhas pegam modelos de 18 ou 19 anos. E por que o cara não pode?" (Colégio Senai); "Acho o seguinte: a maioria das meninas de hoje faz isso automaticamente. Elas gostam de ser maltratadas. Elas preferem um novo, que pouco sabe da vida, que vive de dizer gírias ou palavrões, do que uma pessoa mais velha, que oferece um papo mais interessante devido a experiências anteriores, onde aprendeu a se portar com mais elegância e educação" (Colégio Presidente Kennedy); "A idade não tem nada a ver. Não é a idade que conta e sim o sentimento" (Colégio Presidente Kennedy); "Eu acho que a idade não influencia em nada" (Ateneu Santista); "A sociedade tem culpa nisso, porque a maioria das pessoas namora pessoas da mesma faixa de idade" (Ateneu Santista).

A cisão entre a primeira e a segunda fase da pesquisa foi determinada pela intervenção do pesquisador. Apresentado pelo coordenador do curso como tal e também como professor universitário, o pesquisador, ao intervir, fazia-o na condição de um porta-voz legítimo.

O momento da intervenção, em torno de 20 minutos após o início do debate, procurava dividir o mesmo em duas etapas com duração semelhante. Tomamos a cautela de questionar a opinião dominante, respeitando a seqüência lógica das intervenções. Essa medida visava reduzir o caráter de ruptura formal inerente a qualquer intervenção dessa natureza e colocar em evidência a ruptura conceitual do questionamento.

Assim, a título de exemplo, no Colégio Sion interviemos após comentário que desautorizava o uso de "malhas sobre os ombros" por um "puta velhão". Observamos: "Eu não sabia que não estava autorizado a usar malha sobre os ombros". No Instituto Adventista de Ensino, perguntamos se "existe uma idade certa para xavecar". Na escola Novo Milênio, em Vila Velha, após observação sobre a "agressão sexual" sofrida pela jovem no elevador, perguntamos em tom cândido: "Então, comentar sobre a temperatura no elevador e perguntar se a Sukita está gostosa é uma agressão sexual?"

Embora o senso comum busque sempre uma racionalização *a posteriori* para os comportamentos, uma análise menos ingênua permite-nos concluir que grande parte das manifestações subjetivas é espontânea, isto é, escapam à lógica de um cálculo estratégico custo x benefício. Isso porque as instâncias de socialização exercem sobre o indivíduo uma ação pedagógica multiforme, fazendo-lhe adquirir saberes indispensáveis a uma inserção socialmente aceita das relações sociais constitutivas dos espaços.

Como observa Schaff, "não é arbitrário o conteúdo desta aquisição, visto que as experiências das gerações passadas contêm em si uma soma determinada de conhecimento objetivo do mundo, sem a qual o homem não poderia adaptar a sua ação ao seu meio ambiente e não poderia subsistir enquanto espécie. Aprendendo ao mesmo tempo a falar e a pensar, assimilamos essa aquisição de uma maneira relativamente fácil; não temos que redescobrir constantemente a América, o que tornaria impossível todo o progresso intelectual e cultural"[27].

A análise dos resultados da primeira e segunda fases da pesquisa permite-nos concluir que a intervenção, propondo uma reflexão sobre o estereótipo, produziu notáveis efeitos no discurso dos alunos. As categorias de "opinião dominante" e "opinião dominada" definidas na primeira fase inverteram-se. Isto é, a maioria dos que desautorizaram a abordagem do elevador num primeiro momento reconsiderou suas propostas. A título de exemplo: "Acho que não tinha nada a ver o que eu falei" (Colégio Sion); "Falei besteira, mas tudo bem. Valeu" (Colégio Santa Cecília). Outros relativizaram suas afirmações: "Acho que tá tudo bem as idades serem diferentes, mas o cara exagerou um pouco" (IAE), ou reconheceram que, pelo menos em análises casuístas, as possibilidades de relação afetiva em relação às idades são mais amplas: "Neste caso é diferente. O senhor é conservadão, se cuida" (IAE).

Desta forma, podemos concluir pela pertinência da proposta pedagógica empreendida e pela necessidade de uma reflexão mais ampla sobre o papel do uso dos meios, como suporte para discussão dos estereótipos em geral.

II – Silêncio dos mortos

Falamos, no começo da primeira parte, sobre o silêncio das coisas do mundo. Que o sentido e a moral só existem "fora" dele. A matéria nela mesma não abriga valor nem significado. Quem os atribui somos nós. Em ato, só há uma presença do ser. E que só saímos dela porque somos seres temporalizantes. Por meio da imaginação, habitamos o passado e o futuro. Por isso, podemos dizer, sob uma perspectiva mortalista[128], que os mortos só vivem por registros, documentos, fotos, cartas, enfim, pelas lembranças dos vivos. Mais precisamente, pela imaginação destes.

A morte, diferentemente do que manifestamos crer, não é uma falta – ao mundo não falta nada. Mas, pelo contrário, é uma presença nos vivos – às vezes, por sinal, de forma tão intensa que pode levar à loucura ou à depressão extrema. Ela reside em nós. E, muitas vezes, nós nela, subjugados por sua imagem.

Amedrontados com o fim de quem amamos. Receosos do próprio fim[129]. Talvez esperançosos, com a morte de um inimigo indesejado. De um parente rico. Nostálgicos pela imagem em memória. Agradecidos pela permanência da lembrança. Por podermos viver o passado como presença. E não apenas acompanhada da imagem da exclusão. Gratidão, "lembrança reconhecida" (Epicuro) do que já não é mais, mas que permanece em nós, sempre gratos. "Tempo redescoberto" (Proust), sempre no instante, num instante de gratidão. O passado – e aqueles que lá habitaram – só tem presença por nós, que habitamos o presente.

Dentre as múltiplas formas de resgate do passado pela existência dos vivos, destacamos a lembrança da morte nos jornais, a morte em notícia. O que nos interessa aqui é a morte noticiada. O anúncio fúnebre é uma forma de comunicar um falecimento. Mas não só. É também uma maneira de reconstruir o passado em múltiplos instantes – sempre presentes – de sua recepção. Confere ao ausente alguma vida. Consagra a importância – sempre relativa – de sua existência social. Participa da definição da representação social legítima do falecido. Imputa-lhe algum valor. Póstumo para as vísceras. Atual para a memória.

A morte como notícia já mereceu teses, dissertações e outros estudos acadêmicos. Escapa ao nosso recorte. Os grandes mausoléus já foram dignamente estudados. Nosso foco são os anúncios. Os que ganham a transcendência em boxes de centimetragem padronizada, grandes ou pequenos, cinzas em gavetas com dizeres repeti-

---

[128]. Que acredita que não há vida após a morte.
[129]. Acredite ou não, isso acontece.

dos *ad vomitum* – ou será *ad mortem*?[130] Anunciantes esperando seu próprio anúncio.

O anúncio fúnebre no jornal pode ser pago. Neste caso, alguém toma a iniciativa de comunicar à sociedade o falecimento. A função social admitida por todos deste procedimento é de natureza informativa. O anúncio decreta socialmente o fim da existência do anunciado. No entanto, a publicação de uma mensagem desta natureza produz efeitos sociais mais extensos e complexos do que a simples ciência de um deixar de existir. Efeitos sociais concernentes ao falecido e a quem anuncia seu falecimento.

Para quem falece, o anúncio de falecimento confere-lhe uma forma de sobrevida. Isso porque existências biológica e social não coincidem. Em vida, o ser no mundo, além de sua existência corpórea – biológica –, relaciona-se, é flagrado, observado e representado. Dessa forma, cada um de seus interlocutores, ao longo de sucessivos encontros, constrói uma representação sua. Mais que uma imagem física, a existência no mundo permite indicar aos demais a posição ocupada nos espaços sociais, bem como expectativas de deslocamento.

Ainda em vida, recorre-se ao discurso para definir-se. Apresentam-se atributos que indicam singularidades, peculiaridades de nossa trajetória. Assim, ante a necessidade de indicar com quem o outro se relaciona, cada qual oferece seu relato definidor. Sempre estrategicamente. Nem sempre com consciência da própria estratégia. Afinal, muito do discurso definidor de cada um tende a permanecer. Para qualquer definição, algo deve conservar-se idêntico. Coerência exigida. Por quem fala e por quem ouve. Nenhuma socialização suportaria seres em fluxo. Uma revolução por instante.

O discurso de autodefinição, como qualquer discurso, tem a sua origem na sociedade. A construção social da consciência, decorrente de uma trajetória sempre singular de encontros com o mundo, não exclui a consciência sobre si. A matéria-prima do que se fala a respeito próprio só pode estar numa polifonia social de mesmo objeto. É o outro que informa sobre o si mesmo. Não se poderia "tirar do nada", ou de uma transcendência qualquer, atributos da essência – portanto definidores e eternos – deste ou daquele ser. Se alma há, é forjada na intersubjetividade de encontros em ato.

---

130. A título de exemplo, no diário *La Nación*, o mesmo falecimento – de Inês Galindez de Franci – foi anunciado 15 vezes em anúncios justapostos no dia 10/07/2001.

Neste sentido, a existência social transcende a física. Isso porque às tripas se juntam símbolos – representações de si e sobre si. Essa transcendência do social em relação ao orgânico encontra no anúncio fúnebre clara ilustração. O mero escopo informativo do fim da existência não esgota a eficácia dessas mensagens. Afinal, ao constarem desta ou daquela forma na vitrine necrológica, os defuntos anunciados seguem existindo enquanto entes sociais.

O anúncio fúnebre permite compreender o quanto atributos singulares e definidores são conferidos à revelia. Sua diagramação torna visível a superfície do ser social – circunstancialmente subtraído de vida orgânica. Reprodução de um capital social acumulado, a consagração *post mortem* também é outorgada, neste caso por necessidade. Circuitos de legitimação da memória, a homenagem publicada será tanto mais eficaz quanto mais aparente a distância social entre o porta-voz e o objeto consagrado: o finado de quem se fala e seus heróicos feitos. Assim, a eterna admiração de um parente se apequena ante uma menção registrada por desencarnadas instituições.

Na véspera da missa do 7º dia, o jornal *O Estado de S. Paulo* de 05/06/2001 publicou, na p. C-5, um anúncio fúnebre em duas colunas, onde os signatários proclamam, sensibilizados:

> Meu marido, nosso pai, vosso herói. Nesse mundo de cada vez menos exemplos, você foi nosso Homem, nosso rumo, nosso norte. Após o privilégio de conviver com você 66, 59, 53 e 51 anos, sentiremos muito sua falta. Iremos em frente com seu exemplo, sua memória e você em nossos corações. Que Deus nos ilumine para que possamos ser... pelo menos um pouco do que você foi para nós.

O óbito de Paola Lupano, publicado no *La Stampa*, de Roma, em 31/12/99, mereceu do Comitê Central da Federação Nacional IPASVI, de Torino, a seguinte manifestação:

> ...pelo desaparecimento de uma figura de extraordinário relevo no mundo da enfermagem italiana, exemplo de rigor e dedicação à profissão. Os traços do seu empenho restarão indeléveis na história da enfermagem em nosso País e na vida da entidade de representação profissional, para a qual dedicou profundamente energia e inteligência.

Seguem-se outras 16 inserções de condolências pessoais e associativas.

Nessa mesma data o francês *Libération* publicou o anúncio da morte de Dominique Péju. O texto informa:

...tem a dor de anunciar que a morte escolheu, por traição, Dominique Péju, comediante, produtor e diretor de espetáculos, na idade de cinqüenta e quatro anos, em 22 de dezembro de 1999. Foi chorado na intimidade (da família) e repousa, daqui em diante, em Champagne au Mont d'Or, ao lado de sua mãe Paulette.

No final do anúncio, a transcrição de um verso do falecido:

Deve ser terrivelmente duro de não estar lá.

Deve-se sofrer terrivelmente.

Não estar. Atrozmente. Estar ausente. Afagar-se...

Sentir um vazio.

Pelo anúncio fúnebre, o falecido continua pertencendo a um espaço simbólico, estruturado e hierarquizado. Não só na lembrança antecipada dos que prometem recordação *para sempre*, mas em relação aos demais defuntos do dia – pautados naquela edição. Afinal, se a morte pasteuriza pelo fim da existência, o anúncio fúnebre lembra que as posições sociais resistem à decomposição. A discrepância dos espaços necrológicos consagra, definitivamente, a metáfora do *capital simbólico*. Se seus críticos apontam a impossibilidade de quantificação da legitimidade, prestígio, reconhecimento, autoridade e autorização conferidas desigualmente a vivos e mortos, a centimetragem dessas inserções converte-se em critério numérico insofismável.

A sociedade mexicana recebeu com consternação a morte da Sra. Fernanda Pardo de Chico em 18 de fevereiro de 2001. O diário da capital – *Reforma* – publicou, em 21 de fevereiro, 31 grandes inserções de anúncios do óbito patrocinadas por instituições financeiras renomadas, grupos e corporações industriais e institucionais, que ocuparam dez páginas do jornal. A elite mexicana certamente não deixou de ser afetada pela publicidade com que as mais altas e representativas instituições do mundo político, das finanças e negócios se associaram à dor da família Chico Pardo, pelo falecimento da viúva do patriarca e mãe do engenheiro Jaime Chico Pardo, também de notória representatividade social no México. Em alguns países da América hispânica, e notadamente no México, o anúncio publicitário do óbito destaca a condição de ser viúva do Sr. Chico Pardo, não só como identificação mas, notoriamente, como representação social da defunta (Sra. Fernanda Pardo Vda. de Chico).

No Brasil, o óbito de Roberto Marinho, em 6 de agosto de 2003, foi notícia de primeira página, com manchete na imprensa brasileira. Aparentemente não houve tempo para publicação de convite para o sepultamento. Mas as inserções do convite para missa do 7º dia formuladas por seus familiares próximos, em número de três, ocuparam três quartos da página de *O Globo*, edição de 12/08/2003. O singelo teor dos convites para a missa, com data, hora e local, dispensam qualquer referência aos méritos pessoais ou profissionais do morto. O tamanho e o corpo do texto construíram a representação do seu capital social. Em outra página dessa data (18/08/2003), foram inseridos cinco convites patrocinados por entidades associativas e de cultura com referência explícita aos méritos e créditos de Roberto Marinho, com duas e três colunas.

Outro exemplo de sobrevida, de transcendência social conferida pela diagramação, pode ser encontrado na edição de 31/08/2000 de *O Estado de S. Paulo*, páginas C-6 e C-7. São 21 inserções de duas e três colunas, sendo que 18 delas ocupam toda a página C-7. O falecido era o principal controlador de um dos maiores grupos empresariais do país – o grupo Ficher, de projeção mundial. O óbito ocorreu no Rio de Janeiro, mas sua repercussão extrapolou o Estado e o País.

A centimetragem dos anúncios oferece um indicador numérico do grau de prestígio e de reconhecimento no espaço simbólico. O sentido de espaço ocupado tem particular relevância nestes anúncios. O conteúdo esgota-se com a exaustiva repetição do texto – o mesmo, praticamente, em cada inserção. Exaurida de pronto, a mensagem explícita do óbito e das exéquias faz com que o escopo informativo e atributivo da representação simbólica fique legitimado pelas diferentes entidades que promoveram, individualmente, o anúncio fúnebre.

No plano familiar, social e no círculo de relações associativas e profissionais, a imprensa dá curso a uma parcela das cerimônias que integram o ritual do luto que se instala a partir do óbito até a missa do 7º dia ou mais, por seu alongamento. Neste segmento do rito fúnebre, a mídia participa em dupla expressão: integrante do cerimonial, porta-voz de proclamação pública, da dor e do pranto dedicado ao defunto e, comercialmente, como veículo de publicidade paga da ocorrência.

A notícia da morte anônima

A morte do(a) cidadão(ã) anônimo(a), dos excluídos do espaço social, destituídos de capital simbólico, encontra veiculação gratuita, mas condicionada. Nem notícia nem publicidade; apenas um último registro por compaixão ou virtude piedosa da imprensa.

"A compaixão é, assim, essa virtude singular que nos abre não apenas a toda humanidade, mas também ao conjunto dos seres vivos ou, pelo menos, dos que sofrem"[131].

Estaria aí uma tradição herdada há longo tempo das *actas diurnas*, dos pregões? Ainda que o diferencial de visibilidade seja notório, o informe do óbito ocorre diariamente em grande número de jornais em todo o mundo.

A imprensa brasileira tem oferecido de modo permanente espaço para divulgação gratuita do falecimento. O matutino *O Estado de S. Paulo* reserva cerca de meia página, no caderno Cidades, para notas de "falecimentos". São seis colunas de 5 centímetros, textos curtos com idade, profissão, parentesco familiar e, quando comporta, um necrológio do morto.

O *Correio Braziliense* registra diariamente, numa modesta coluna de 4 centímetros, um obituário com os sepultamentos notificados no Distrito Federal, para o Plano Piloto, Gama, Planaltina, Tabatinga e outras localidades. Nome e idade são os dados informados e suficientes para o pranto dos defuntos. Por sua vez, o conceituado *La Stampa*, de Milão, também numa coluna com 4 centímetros, reduz o anonimato dos mortos ao acrescentar ao nome e idade o local do óbito, a residência e o local de nascimento.

O diário chileno de Santiago *La Tercera* oferece duas colunas de 4 centímetros ao pé da página, mas limita-se ao mínimo: o nome do cidadão unicamente. O mesmo ocorre com *La Segunda*, também chileno: ao pé de duas colunas, o espaço para "Defunciones", listando aqueles nomes que identificam os quase anônimos.

Os finados anônimos são privados da fala e dos seus heróicos feitos. Perdem direito também à admiração de seus parentes, não há consagração *post mortem*.

As pesquisas e estudos do luto têm priorizado fontes obtidas em relatos, depoimentos, questionários estruturados, nos estudos de casos, observações participantes, mas, salvo melhor juízo, não temos encontrado a presença de fontes midiáticas nas mesmas proporções ou que tenham relevante registro bibliográfico. A mídia impressa pode ser convencionada como registro cotidiano crônico permanente dos eventos capitais do indivíduo, da pessoa, parcela integrante do núcleo familiar e da sociedade. Esse movimento pendular

---

131. Comte-Sponville, A. *Petit traité des grandes vertus*. Paris, PUF, 1995, p. 123.

é espelho e retrato de um ponto de convergência de credos, tradições, releituras e de autoquestionamento.

Nas sociedades urbanas tidas como modernas, racionalistas e reformistas, a notícia da morte provoca consternação e também constrangimento. A dor e a consternação, no dizer dos antropólogos, devem evitar o lado público do sofrimento. O moderno insinua uma condenação velada da demonstração de dor em público. Haverá uma "conspiração do silêncio" no entender de Norbert Elias, referendado por Koury[132]. "A modernidade confina na pessoa suas emoções, banindo-as do social "para o reino do segredo"[133]. Coexistem consternação, constrangimento e perplexidade. A sociedade urbana aboliu e promoveu o desuso dos ritos arcaicos. Desfez-se dos hábitos do luto detalhista, alongado, mas não propôs alternativas nem oferece um novo *status*.

A pesquisa que se utiliza da veiculação da morte como notícia ou como comunicação de óbito revela possibilidades de leitura ainda pouco exploradas, a nosso ver. É nesse foco que este texto buscou colher alguns exemplos para inserir no estudo desta questão os aportes da Comunicação, enquanto campo do conhecimento.

Postscriptum

O anúncio dos soldados alemães mortos no início da Segunda Grande Guerra Mundial cumpriu seu papel social de comunicar o falecimento. Prolongou-se, ganhou transcendência na representação teatral que contestou o valor simbólico dessas mortes. O obituário do *Jornal da Tarde* foi o veículo possível para denunciar um assassinato que tornou-se um símbolo de resistência, o ponto de não-retorno, da insanidade ditatorial. Obituário, morte em vida, morte na existência, discurso atualizador do silêncio. Algum sentido, quando para quando não resta nada. Alguma razão para o ser, quando nada mais é.

"O silêncio somos nós mesmos, demais", sentencia Riobaldo, em *Grande sertão: veredas*[134]. Foi exatamente isso o que tentamos mostrar ao longo de todo este último capítulo. Primeiro com o silêncio do ser, do mundo. Com a falta de sentido de nossa existência. Não por-

---

132. Koury, M.G.P. *Sociologia da emoção – O Brasil urbano sob a ótica do luto*. Petrópolis, Vozes, 2003, p. 24.
133. *Ibid.*, p. 25.
134. Rosa, J.G. *Grande sertão: vereda*. Rio de Janeiro, José Olympio, 1972.

que absurda, mas porque somos só um insistir. Um resistir para permanecer insistindo. O absurdo nasce, exatamente, no enfraquecimento da existência. Aí ele aflora. E impera. Nada falta ao mundo, ele é o que é, uma presença plena, sem nenhuma falta, sem nenhum mundo transcendente para significá-lo. Isso é a própria verdade. Isso é o próprio silêncio. Por isso "nós mesmos, demais", porque o silêncio se contrapõe à ausência, ao nada travestido de sentido. O silêncio é essa presença da existência, esse preenchimento do ser. O que remete o mundo a ele mesmo.

Em seguida falamos do silêncio dos vivos. Do silêncio como tristeza. Como censura socialmente incorporada. Como a não-manifestação de nossas perspectivas. Como ocultamento de nossos desejos – imaginados como subversivos –, dissonantes dos da maioria. Como progressão do medo do isolamento social. Como espiral. Como calar-se. Analisamos o silêncio tagarela, preenchido de imagens. De palavras. De sentido. O silêncio inimigo. Que recalca. Que aprisiona. Que fecha. Que esmaga. E até mata. O silêncio vazio de silêncio. Um calar que revela nossa frágil condição.

Finalmente, tratamos do silêncio dos mortos, observamos que a morte não é uma falta, mas uma presença nos vivos. A imagem de alguém acompanhada da imagem de sua exclusão. A morte somos nós preenchidos de vazio, por que não? Somos nós mesmos, demais em nossa fraqueza, em nossa impotência, em nossa ausência. A morte só existe para os vivos. Assim como os mortos. Para o mundo, corpos putrefeitos, corroídos pelos vermes. Talvez, só pó. Ou já transformados. Em vida. Em insistência. Em resistência. Em desejo. O silêncio dos mortos está em nós. E nos apavora. Seu esquecimento é nosso esquecimento. Eles ainda nos habitam. E determinam nossa existência. Parte de nós está nessas lembranças. É por ela que nos tornamos conscientes. Humanos. Preservá-los é preservar nossa humanidade. Por isso lutamos pela sua memória. Por aquilo que devemos lembrar. Pela representação legítima. Pelo discurso oficial. Construção social dos mortos. Construção social dos vivos.

Conclusão

O eu não é. Cogito e corpo apenas deixam de ser. A todo instante. A cada novo encontro com o mundo. A cada novo flagrante. Só há o devir. Mas então não há nada? O devir não é? Pelo contrário, ele é tudo. Tudo o que há. Tudo o que é. Nada permanece. Tudo se transforma. Mas, na medida em que se transformam, as coisas são. A virtude pouco a pouco se corrompe em vício. Mas há o vício, há a virtude. A beleza se converte em feiúra. Mas há a beleza, há a feiúra. Pelo menos para nós. Para um sujeito que flagra o mundo. Que age sobre ele. Que se relaciona com ele. Que deseja. Mas, e se retirarmos o sujeito do mundo? Ou anularmos seu desejo? Aí não há mais vício. Tampouco, beleza. O mundo é o que é. Simplesmente. Em sua eterna mudança. Em sua indiferença. Átomos e vazio. Sem espaço para significados.

Pobres os que buscam um sentido para a vida! Para a existência! Quanta falta! Quanta tristeza! Não percebem que o mundo é só uma presença. E nós, uma insistência. Na própria vida. Nada falta ao mundo. Falta a nós. Impotentes. Apaixonados. Que não amamos o suficiente. Ou suficientemente bem. Para querer o que é. E não, o que não é. Pensamento conformista? De maneira alguma. A luta aqui é pelo que é. Ou, pelo menos, pelo que será, a partir do que é. Potência. De transformar a realidade mesma. Tio Patinhas *versus* Dom Quixote.

Acabar com mitos é necessário. Mais ainda, com a superstição. Fonte de tristeza. Usina de ausência. A permanência do eu é uma delas. Condição de nossa vida social. Condição de nossa vida interior. Se é que é possível essa distinção. A consciência vem de fora... Tão importante o eu; às vezes, tão esquecido. A ação é o objeto da moral. Por isso é também o eu. Porque é ativo. Verbo. Não substantivo. Manifestação. Não uma entidade. O eu não é. Age. E precisa ser comunicado. Para nós e para o outro. Ninguém vive só. O isolamento nos condena à alienação. De nós mesmos. Não há referenciais para nos indicar quem somos. Relatar-nos a posição que nos cabe. Para nos comunicar nossos rostos. Identificar-nos. Pior: o isolamento nos condena ao sofrimento. À angústia. À amargura. À morte. O real agride demais para dispensarmos ajuda alheia. Para não ajudarmos o outro. *Ágape*. Caridade e compaixão com o desejo que não é nosso. Com a miséria que não é a nossa. Por isso a moral, para quando nos falta esse amor pelo outro. Sua ausência a justifica. Por isso a tolerância. Só assim podemos conviver sem tornar a existência mais insuportável.

Mas nem sempre há amor. Ou mesmo a moral para supri-lo, de certa forma. Por isso viver é resistir. O mundo nos é quase sempre hostil. O eu, só um discurso. Que permite nos apresentar ao outro e a nós mesmos. A expressão, a história de uma existência real ou imaginada. Mas desejada em ato. A manifestação mais bem acabada para si de si no momento. Às vezes cínica, muitas vezes sincera. O eu, caro leitor, é o rosto que damos, sempre relativo a uma situação, à expectativa dos outros e de nós, à nossa insistência particular. Por isso a memória é sua condição. A gramática: sua estrutura. A solidão: sua verdade.

Bibliografia

ACCARDO, A. *Introduction à une sociologie critique*. Bordeaux, Le Mascaret, 1997.

ALAIN. *Quatre-vingt-un chapitres sur l'esprit et les passions*. Paris, Bibliothèque de la Pléiade, "Les passions de la sagesse", 1941.

ALTHEIDE, D.L. *Qualitative media analysis*. Thousand Oaks, Sage, 1996.

ALVAREZ TURIENZO, S. *El hombre y su soledad*. Salamanca, Sigueme, 1983.

ANDRADE, Carlos Drummond. *Amar – Antologia poética*. Rio de Janeiro, Sabiá, 1972.

APPADURAI, A. *The social life of things*. Cambridge, Cambridge University Press, 1986.

ARIÈS, P. *História da morte no Ocidente*. Rio de Janeiro, Ediouro, 2003.

— *Spinoza*. Paris, Gallimard, 1996.

ASSIS, Machado de. *Memórias póstumas de Brás Cubas*. Rio de Janeiro, Instituto Nacional do Livro, 1960.

BABBIE, E. *Survey research methods*. Belmont, Wadsworth, 1990.

BALIBAR, Etienne. *Spinoza et la politique*. Paris, PUF, 1985 [Coll. "Philosophies"].

BAKHTIN, M. *Marxismo e filosofia da linguagem*. São Paulo, Hucitec, 2003.

— *Pour une philosophie de l'acte*. Paris, L'age d'homme, 2003.

BARROS FILHO, C. *Ética na comunicação*. São Paulo, Summus, 2003.

BELENKY, M.F. et al. *Women's ways of knowing: the development of self, voice and mind*. New York, Basic Books, 1986.

BERGSON, H. *Matière e mémoire*. 6. ed. Paris, PUF, 1999.

— *Les deux sources de la morale et de la religion*. Paris, Du Centenaire/PUF, 1970.

BOBIN, C. *Le huitième jour de la semaine*. Paris, Lettres Vives, 1986.

BORGES, Jorge Luis. O outro, o mesmo. *In: Obras completas II*. São Paulo, Globo, 1999.

BOUDON, R. *Bonnes raisons*. Paris, PUF, 2003.

— *Le juste et le vrai – Études sur l'objectivité des valeurs et de la connaissance*. Paris, Fayard, 1995.

BOURDIEU, P. A propos de la famille comme catégorie réalisée. *In: Actes de la Recherche en Sciences Sociales*, n. 100, 1999 [s.n.t.].

— *Ce que parler veut dire*. Paris, Fayard, 1982.

— *La domination masculine*. Paris, Seuil, 1998.

— La théorie du champ dans l'espace des possibles théoriques. *Gendaï Shiso*. Tóquio, março/1989, p. 204-219.

— L'esprit de famille. *In: Raisons pratiques: sur la théorie de l'action*. Paris, Seuil, 1994, p. 135-144.

— *Le sens pratique*. Paris, Minuit, 1980.

— *Les héritiers – Les étudiants et la culture*. Paris, Minuit, 1964 [Com Jean-Claude Passeron].

— L'illusion biographique. *In: Actes de la Recherche en Sciences Sociales*, n. 62-63, 1986, p. 69-72 [s.n.t.].

— *Les usages sociaux de la science: pour une sociologie critique du champ scientifique*. Paris, Inra, 1997.

— *Méditations pascaliennes*. Paris, Seuil, 1997.

— Quelques propriétés des champs. *In: Questions de sociologie*. Paris, Minuit, 1982.

— *Rapport pédagogique et communication*. Paris, La Haye/Mouton, 1965 [com Jean-Claude Passeron e Monique de Saint Martin].

— Un contrat sous contrainte. *Actes de la Recherche en Sciences Sociales*, n. 81-82, p. 34-51 [com Salah Bouhedja e Claire Givry].

BRIM, O.G. *The dying patient*. New York, Russel Sage Found, 1970.

CAMARGO, N. O léxico da publicidade. *In: Revista da Intercom*, XVIII, n. 1, 1995.

CAUJOLLE-ZASLAWSKY, F. Sophistique et scepticisme. *In: Positions de la sophistique*. Paris, PUF, 1979.

CHAUÍ, M. *Espinosa: uma filosofia da liberdade*. São Paulo, Moderna, 1995.

— Sobre o medo. *In*: NOVAES, Adauto (org.). *Os sentidos da paixão*. São Paulo, Companhia das Letras, 1987.

CHENITZ, W.C. & SWANSON, J. Qualitative research using grounded theory. *In*: CHENITZ, W.C. & SWANSON, J. *From practice to grounded theory*. Menlo Park, Addison-Wesley, 1986.

COMTE-SPONVILLE, A. *Improptus*. Paris, PUF, 1996.

— *Petit traité des grandes vertus*. Paris, PUF, 1995.

— *L'être temps*. Paris, PUF, 2000.

— *Mythe d'Icare*. Paris, PUF, 1988.

— *Valeur et vérité: études cyniques*. Paris, PUF, 1994.

COMTE-SPONVILLE, A. & FERRY, L. *La sagesse des modernes*. Paris, Robert Laffont, 1998.

CONCHE, M. *Montaigne et la philosophie*. Paris, De Mégare, 1987.

CORCUFF, Ph. Le collectif au défi du singulier: en partant de l'habitus. *In*: LAHIRE, B. (ed.). *Le travail sociologique de Pierre Bourdieu*. Paris, La Découverte, 1999.

— Acteur pluriel contre habitus? *In: Politix*, n. 48, 1999, p. 157-173.

CRISTOFOLINI, P. *Spinoza – Chemins de l'éthique*. Paris, PUF, 1996.

DELBOS, V. *O espinosismo*. São Paulo, Discurso, 2002.

DELEUZE, G. *Différence et répétition*. Paris, PUF, 1968.

— *Spinoza – Philosophie pratique*. Paris, Minuit, 1981.

DELLA CASA, G. *Galateo ou dos costumes*. São Paulo, Martins Fontes, 1999.

— *Spinoza – Philosophie pratique*. Paris, Minuit, 2003.

DUBY, G. *L'Europe au Moyen-âge*. Paris, Flammarion, 1984.

DURKHEIM, E. *De la division du travail social*. Paris, PUF, 1986.

ENGELS. *Études philosophiques*. Paris, Sociales, 1977.

ENRIQUEZ, E. *A organização em análise*. Petrópolis, Vozes, 1997.

— *De la horde à l'état*. Paris, Gallimard, 1983.

EPICURE. *Lettres et maximes* (s.l.), De Mégare, 1977.

ESPINOSA, B. *Ética à maneira dos geômetras*. São Paulo, Abril, 1979.

— *Tratado breve*. Madrid, Alianza, 1990.

— *Traité de reforme de l'entendement*. Paris, Aphun, 1977.

FERRER, J. *A televisão e a escola*. Porto Alegre, Artes Médicas, 1996.

FERRET, S. *L'identité*. Paris, Flammarion, 1998.

FOUCAULT, M. *A verdade e as formas jurídicas*. Rio de Janeiro, Nau, 2002.

FOULIN, J.-N. & MOUCHON, S. *Psychologie de l'éducation*. Paris, Nathan, 1998.

GAULEJAC, V. *L'histoire en héritage*. Paris, Desclée de Brouwer, 1999.

GEORGES, L. *Sociologia da publicidade*. São Paulo, Cultrix/Edusp, 1981.

GODOY, A. Introdução à pesquisa qualitativa e suas possibilidades. *In*: *Revista de Administração de Empresas*, vol. 35, n. 2, 1995, p. 57-63. São Paulo, FGV.

GOFFMAN, E. *Estigma: notas sobre a manipulação da identidade deteriorada*. Rio de Janeiro, Guanabara, 1963.

GRIGNOL, C. *L'ordre des choses*. Paris, Minuit, 1971.

GUEROULT, M.L. *Spinoza – Tome 2: L'Ame (Ethique 2)*. Paris, Aubier/Montaigne, 1997.

HABERMAS, J. *The theory of communication action*. Boston, Beacon, 1987.

HELLER, A. *O cotidiano e a história*. São Paulo, Paz e Terra, 1970.

HÉRAN, F. La seconde nature de l'habitus – Traditions philosophique et sens commun dans le langage sociologique. *In*: *Revue Française de Sociologie*, vol. XXVIII, n. 3, 1987 [s.n.t.].

HOHLFELDT, A. Hipóteses contemporâneas de pesquisa em comunicação. *In*: *Teorias da comunicação*. Petrópolis, Vozes, 2001.

HUME, D. *Traité de la nature humaine*. Paris, PUF, 1968.

— Dissertation sur les passions. *In*: *Les Passions*. Paris, Flammarion, 1991.

HUSSERL. *Erste Philosophie (1922-1924) – II, Husserliana – Tome VIII, La Haye*, 1959, p. 61-64. *Apud* ID. Paris, PUF, 1964 [Col. Philosophes].

— *Lettres ao marquis de Newcastle (23/11/1646) – Tome III, Classique Garnier*, 1973 [s.n.t.].

JANKÉLÉVITCH, V. *L'imprescriptible*. Paris, Seuil, 1986.

KANT. *Anthropologie du point de vue pragmatique*. Paris, Vrin, 1979.

— *Réflexion sur l'educaction*. Paris, Vrin, 1980.

KAUFMANN, J.-C. *Ego*. Paris, Nathan, 2001.

KISH, L. *Survey sampling*. New York, John Wiley & Sons, 1965.

KLINEBERG, O. *Psychologie sociale*. Paris, PUF, 1963.

KOURY, M.G.P. *Sociologia da emoção – O Brasil urbano sob a ótica do luto*. Petrópolis, Vozes, 2003.

KUNSCH, M. *Planejamento de relações públicas*. São Paulo, Summus, 2003.

LEISS, W. & JHALLY, S. *Social communication in advertising*. London, Routledge, 1997.

LIMA, L.C. *Teorias da comunicação de massa*. São Paulo, Paz e Terra, 1990.

LIPPMANN, W. *Public opinion*. Nova York, Free Press, 1997.

LUKIANCHUKI, C. Discurso da propaganda e diretrizes curriculares. *In*: *Comunicação e Educação*, n. 17 [s.n.t.].

LYPOVETSKY, G. *Le crépuscule du devoir*. Paris, PUF, 1992.

M.-J. & P.-H. Chombart de Lauwe *et al*. *La femme dans la société*. Paris, CNRS, 1963.

MAIA, R.M. Identidade e discurso: a inclusão do outro. *In*: *Fronteiras: estudos midiáticos*, vol. IV, n. 1, junho/2002 [s.n.t.].

MARKUN, P. (org.). *Vlado – Retrato da morte de um homem e de sua época*. São Paulo, Brasiliense, 1985.

MARY, A. Le corps, la maison, le marché et les jeux – Paradigmes et métaphores dans le "bricolage" de la notion d'habitus. *In*: *Lectures de Pierre Bourdieu – Cahiers du Lasa*. Caen, Université de Caen, 1989.

MATHERON, A. *Individu et communauté chez Spinoza*. Paris, Minuit, 1987.

MEAD, M. *Moeurs et sexualité en Océanie*. Paris, Terres Humaines, 1963.

MERLEAU-PONTY, M. *La prose du monde*. Paris, Gallimard, 1989.

— *Phénoménologie de la perception*. Paris, Gallimard, 1994.

MISRAHI, R. *Spinoza et le spinozisme*. Paris, Armand Colin, 1998.

MONTAÑO, C. *Terceiro Setor e questão social*. São Paulo, Cortez, 2002.

MORIN, E. *L'homme et la mort devant l'histoire*. Paris, Coréa, 1951 [re-editado pela Seuil em 1970].

MUXEL, A. *Individu et mémoire familiale*. Paris, Nathan, 1996.

NIETZSCHE, F. Al di là del bene e del male. *In: Opere*. Milano, Adelphi, vol. VI, 2, 1968.

— Frammenti postumi, 1884-1885. *In: Opere*. Milano, Adelphi, vol. VII, 3, 1975.

— *La volontà di potenza*. Milano, Bompiani, 1992.

NOËLLE-NEUMANN, E. The spiral of silence: a theory of public opinion. *In: Journal of Communication*, vol. 24, 1974, p. 43-51 [s.n.t.].

ORLANDI, E.P. *As formas do silêncio: no movimento dos sentidos*. Campinas, Unicamp, 1993.

PASCAL, B. *Pensées*. Paris, Garnier, 1951.

POLIN, R. *La création des valeurs*. Paris, PUF, 1944.

PROUST, M. *Le temps rétrouvé*. Paris, Garnier Flammarion, 1986.

QUEIROZ, M.I.P. *Variações sobre a técnica de gravador no registro de informação viva*. São Paulo, T.A. Queiroz, 1991.

RAJ, D. *The design of sample surveys*. New York, McGraw, 1972.

RAMIRO, M. *O livro das virtudes de sempre*. Porto, Asa II, 2001.

RICOEUR, P. *Soi-même comme un autre*. Paris, Seuil, 1990.

ROSA, J.G. *Grande sertão: vereda*. Rio de Janeiro, José Olympio, 1972.

ROSENFIELD, D. *Retratos do mal*. Rio de Janeiro, Zahar, 2003.

SCHAFF, A. *Linguagem e conhecimento*. Coimbra, Almedina, 1974.

SCHRAG, C.O. *The self after postmodernity*. New Haven/Londres, Yale University Press, 1997.

SÉVERAC, P. *Éthique – Spinoza*. Paris, Ellipses, 1997.

SIMMEL, G. *Sociologie et épistémologie*. Paris, PUF, 1991.

SIMÕES, T. Publicidade e reflexão. In: *Revista da ESPM*, vol. 3, n. 1, 1996 [s.n.t.].

SKINNER, Q. *Fundações do pensamento político moderno*. São Paulo, Companhia das Letras, 2000.

STRAUSS, A. *Miroirs et masques*. Paris, Métailié, 1992.

TAYLOR, Ch. *Sources of the self*. Cambridge University Press, 1989.

TESCH, R. *Qualitative research: analysis types and sotftware tools*. New York, Falmer, 1990.

THÉVENOT, L. Le régime de familiarité – Des choses en personne. In: *Genèse*, n. 17, 1994. Paris (s.e.).

VERRET, M. *Le temps des études*. Paris, H. Campion, 1975.

VINCENT, G. *L'école primaire française*. Lyon, PUL, 1980.

VITORINO SAMPAIO, I.S. *Televisão, publicidade e infância*. São Paulo, Annablume, 2000.

WAUGH, E. *The loved one*. Londres, Chapman and Hall, 1950.

WEINTRAUB, K.J. *The value of the individual*. Chicago, University of the Chicago Press, 1978.

WITTGEINSTEIN. *Tractatus logicus-philosophicus*. Paris, Gallimard, 1965.

YOUNG, I. *Intersecting voices*. Princeton, Princeton University Press, 1997.

Jornais pesquisados

Correio Braziliense. Brasília, 10/07/2001, p. 17.

El Tiempo. Bogotá, 09/02/2003, p. 1-20.

Folha de S. Paulo. São Paulo.

Hoy. Quito, 21/11/2003, p. 4-B.

La Nation. Buenos Aires, 10/07/2001, p. 14.

La Segunda. Santiago do Chile, 20/11/2003.

La Stampa. Milão, 31/12/1999, p. 8.

La Tercera. Santiago do Chile, 23/11/2003.

Las Ultimas Noticias. Santiago do Chile, 23/11/2003, p. 26.

Le Monde. Paris, 09/01/1999, p. 10.

Liberation. Paris, 31/12/1999, p. 17.

O Estado de S. Paulo. São Paulo, 05/06/2001, p. C-5.

O Globo. Rio de Janeiro, 07/08/2003, p. 19b.

Reforma. México, 21/02/2001.

The Guardian. Londres, 31/12/1999, p. 10.

The New York Times. New York, 21/02/2001, p. A-24.

The Times. Londres, 10/01/2000.

Zero Hora. Porto Alegre, 28/01/2001, p. 54.

EDITORA VOZES

SEDE E SHOWROOM
PETRÓPOLIS, RJ
Internet: http://www.vozes.com.br
(25689-900) Rua Frei Luís, 100
Caixa Postal 90023
Tel.: (0xx24) 2233-9000
Fax: (0xx24) 2231-4676
E-mail: vendas@vozes.com.br

UNIDADE DE VENDA NO EXTERIOR
PORTUGAL
Av. 5 de Outubro, 23
R/C 1050-047 Lisboa
Tel.: (00xx351 21) 355-1127
Fax: (00xx351 21) 355-1128
E-mail: vozes@mail.telepac.pt

UNIDADES DE VENDA NO BRASIL
BELO HORIZONTE, MG
Atacado e varejo
(30130-170) Rua Sergipe, 120 – loja 1
Tel.: (0xx31) 3226-9010
Fax: (0xx31) 3222-7797
Varejo
(30190-060) Rua Tupis, 114
Tel.: (0xx31) 3273-2538
Fax: (0xx31) 3222-4482

BRASÍLIA, DF
Atacado e varejo
(70730-516) SCLR/Norte, Q. 704, Bl. A, nº 15
Tel.: (0xx61) 3326-2436
Fax: (0xx61) 3326-2282

CAMPINAS, SP
Varejo
(13015-002) Rua Br. de Jaguara, 1097
Telefax: (0xx19) 3231-1323

CUIABÁ, MT
Atacado e varejo
(78005-970) Rua Antônio Maria Coelho, 197 A
Tel.: (0xx65) 3623-5307
Fax: (0xx65) 3623-5186

CURITIBA, PR
Atacado
(80220-040) Rua Pamphilo D'Assumpção, 554 – Rebouças
Tel.: (0xx41) 3333-9812
Fax: (0xx41) 3332-5115
Varejo
(80010-050) Rua Emiliano Perneta, 332 – loja A – Centro
Tel.: (0xx41) 3233-1392
Fax: (0xx41) 3224-1442

FLORIANÓPOLIS, SC
Atacado e varejo
(88010-030) Rua Jerônimo Coelho, 308
Tel.: (0xx48) 3222-4112
Fax: (0xx48) 3222-1052

FORTALEZA, CE
Atacado e varejo
(60025-100) Rua Major Facundo, 730
Tel.: (0xx85) 3231-9321
Fax: (0xx85) 3221-4238

GOIÂNIA, GO
Atacado e varejo
(74023-010) Rua 3, nº 291
Tel.: (0xx62) 3225-3077
Fax: (0xx62) 3225-3994

JUIZ DE FORA, MG
Atacado e varejo
(36010-041) Rua Espírito Santo, 963
Tel.: (0xx32) 3215-9050
Fax: (0xx32) 3215-8061

LONDRINA, PR
Atacado e varejo
(86010-160) Rua Senador Souza Naves, 158 C
Tel.: (0xx43) 3337-3129
Fax: (0xx43) 3325-7167

MANAUS, AM
Atacado e varejo
(69010-230) Rua Costa Azevedo, 105 – Centro
Tel.: (0xx92) 3232-5777
Fax: (0xx92) 3233-0154

PETRÓPOLIS, RJ
Varejo
(25620-001) Rua do Imperador, 834 – Centro
Telefax: (0xx24) 2246-5552

PORTO ALEGRE, RS
Atacado e varejo
(90010-273) Rua Riachuelo, 1280
Tel.: (0xx51) 3226-3911 e 3225-4879
Fax: (0xx51) 3226-3710

RECIFE, PE
Atacado e varejo
(50050-410) Rua do Príncipe, 482
Tel.: (0xx81) 3423-4100
Fax: (0xx81) 3423-7575

RIO DE JANEIRO, RJ
Atacado
(20031-143) Rua México, 174 – sobreloja – Centro
Tel.: (0xx21) 2215-6386
Fax: (0xx21) 2533-8358
Varejo
(20031-143) Rua México, 174 – Centro
Tel.: (0xx21) 2215-0110
Fax: (0xx21) 2533-8358

SALVADOR, BA
Atacado e varejo
(40060-410) Rua Carlos Gomes, 698 A
Tel.: (0xx71) 3329-5466
Fax: (0xx71) 3329-4749

SÃO PAULO, SP
Atacado
(03168-010) Rua dos Trilhos, 623/627 – Moóca
Tel.: (0xx11) 6693-7944
Fax: (0xx11) 6693-7355
Varejo
(01006-000) Rua Senador Feijó, 168
Tel.: (0xx11) 3105-7144
Fax: (0xx11) 3107-7948
Varejo
(01414-000) Rua Haddock Lobo, 360
Tel.: (0xx11) 3256-0611
Fax: (0xx11) 3258-2841

PARCERIAS
APARECIDA, SP
Varejo
Amanda Carine Chagas Arneiro – ME
(12570-000) Centro de Apoio aos Romeiros,
Setor "A", Asa "Oeste"
Rua 02 e 03 – lojas 111/112 e 113/114
Telefax: (0xx12) 3104-1117

BOA VISTA, RR
Varejo
Nepomuceno e Padilha Com. de Livros Ltda. – ME
(69301-110) Av. Major Williams, 5408 – Centro
Telefax: (0xx95) 624-1221 e 224-6047

CAMPOS DOS GOITACAZES, RJ
Varejo
W.T. Castro Livraria e Papelaria Ltda
(28027-140) Rua Visconde de Itaboraí, 169 –
Parque Rosário
Tel.: (0xx22) 2735-0003 e 2733-0967
Fax: (0xx22) 2733-0807

SÃO LUÍS, MA
Varejo
J.M.F. de Lira Comércio e Representações de Livros e Artigos Religiosos
(65010-440) Rua da Palma, 502 – Centro
Tel.: (0xx98) 3221-0715
Fax: (0xx98) 3231-0641